Mi página

¡Hola! Yo soy tu amiga nueva.
Soy una coneja.
Me llamo Inma. Soy de España.
Vivo en Madrid.

Y yo soy Toño.
Soy un mono.
Soy de México,
de Veracruz.

¿Y tú?
¿Cómo te llamas?
¿De dónde eres?
¿Dónde vives?

Yo

Me llamo ______________________.

Soy de ______________________.

Vivo en ______________________.

Mi clase: ______________________.

Mi colegio: ______________________.

Mi profesor/a: ______________________.

ENCUENTROS, Cuaderno de Actividades 1A

¡BUENOS DÍAS!

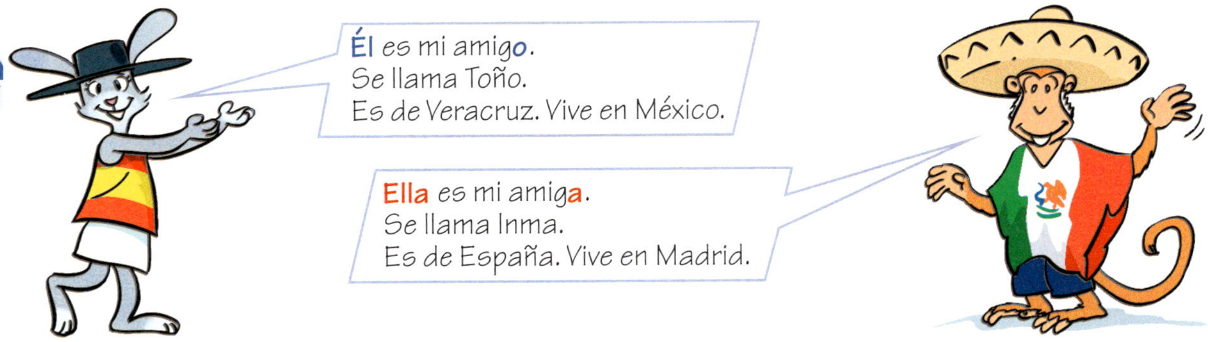

1 Mi amigo y mi amiga

Presenta a tu amigo/-a, a tu mamá y a tu papá. ▪ *Klebe ein Foto auf und stelle deine Freunde, deine Mutter und deinen Vater vor.*

foto

¿Y tu amigo?

____

____

____

____

____

foto

¿Y tu mamá?

____

____

____

____

____

foto

¿Y tu amiga?

____

____

____

____

____

foto

¿Y tu papá?

____

____

____

____

____

¡HOLA!

2 ¿Qué tal hoy?

a *Wie geht es den angesprochenen Personen? Trage den passenden Ausdruck ein.*

1 ____________ 2 ____________ 3 ____________ 4 ____________

b *¡Ahora tú!*
Haz un diálogo con un/a compañero/-a. ▪ *Spiele einen Dialog mit deiner/-m Mitschüler/in.*

MI CLASE

3 **Sopa de letras ■ Buchstabensalat**

a *Suche 10 Klassenraumwörter heraus:*

m	t	a	o	p	c	ó	l	y	p
s	i	l	l	a	u	p	á	l	i
n	z	c	x	t	a	u	p	i	z
l	a	k	a	m	d	e	i	b	a
a	h	g	q	e	e	r	z	r	r
s	e	f	l	s	r	t	c	o	r
v	e	n	t	a	n	a	r	u	a
d	p	p	a	q	o	r	a	b	z
o	r	d	e	n	a	d	o	r	w

b *Escribe las palabras con el artículo determinado. ■ Schreibe die Wörter mit dem bestimmten Artikel auf.*

____

____

____

c *Tu sopa de letras ■ Dein Buchstabensalat. Denke dir einen Wortsalat für deine/n Mitschüler/in aus.*

4 **Memoria de la clase ■ Memoryspiel**

Gehe auf Seite I, schneide die Karten aus und spiele das Memoryspiel.

ENCUENTROS, Cuaderno de Actividades 1A

DESCUBRIR

5 **Los verbos ▪ Die Verben**

Completa el cuadro. ▪ Vervollständige die Tabelle.

	llamarse	*vivir*	*ser*
yo	me llamo	vivo	soy
tú			
él			
ella			

PRACTICAR

6 **Muchas preguntas ▪ Viele Fragen**

Pregunta a tu compañero/-a. ▪ Sammle alle Fragen, die du bereits auf Spanisch stellen kannst.
Stelle sie dann zwei Mitschülern und notiere ihre Antworten.
Zum Schluss stelle deine zwei Freunde der ganzen Klasse vor.

¿CÓMO SE DICE EN ESPAÑOL?

7 **Hablar en clase**

a *Escucha y ordena los diálogos. ▪ Höre zu und ordne die Dialoge.*

1. ______________ 2. ______________ 3. ______________ 4. ______________

b ***¿Cómo se dice en alemán?***

Traduce los diálogos. ▪ Übersetze die Dialoge aus a *ins Deutsche und schreibe sie in dein Heft.*

LOS CHICOS Y LAS CHICAS

INTRODUCCIÓN

1 Los chicos en el instituto

a *Escucha y preséntate en clase.* ▪ *Höre zu und stelle dich vor.*

Hola, yo me llamo Anne. Soy de Alemania y estudio en el instituto.

Hola, ¿qué tal? Yo soy Luisa, soy de Madrid. En el recreo charlo con mis amigas.

Él se llama Esteban. Es amigo de Luisa y Anne. Después de la clase ellos toman algo y charlan en la plaza.

¡Hola! Nosotros somos los amigos de Inma y Toño. Vivimos en Alemania. Hablamos alemán y también español. No somos profesores, somos alumnos. Nos llamamos Niko y Nina.

Los amigos de Inma y Toño …

… se llaman ______________________

… son ______________________

… hablan ______________________

b *Escucha otra vez.* ▪ *Höre noch einmal zu und unterstreiche alle Verben im Text.*

ACTIVIDADES

2 ¿Y vosotros? ▪ Und ihr?

Contesta las preguntas. ▪ *Beantworte die Fragen. Die richtigen Verbformen dazu findest du in* 1 a .

1. ¿Habláis alemán? Sí, hablamos ______________________
2. ¿Sois alumnos / alumnas o profesores / profesoras? ______________________
3. ¿De dónde sois? ______________________

3 Tus amigos ▪ Deine Freunde

Presenta a tus amigos. ▪ *Stelle deine Freunde vor.*

1. ¿De dónde son? Son de ______________________
2. ¿Hablan español? Sí, / No, ______________________
3. ¿Hablan alemán? ______________________
4. ¿Son alumnos? ______________________
5. ¿Cómo se llaman? ______________________

DESCUBRIR

4 **Los verbos en *-ar* y el verbo *ser*** ▪ **Verben auf *-ar* und das Verb *ser***
Ve a la página 94 y completa el cuadro 1. ▪ *Gehe auf Seite 94 und vervollständige die Tabelle 1.*

¿CÓMO SE DICE EN ESPAÑOL?

Du verstehst schon einige spanische Wörter, oder kannst sie leicht lernen, weil sie im Deutschen oder in anderen Sprachen ähnlich sind.

5 **Palabras**
Ordne diesen Bildern das richtige spanische Wort zu.

un balón, **un** teatro, **una** televisión, **unos** teléfonos, **unas** pizzas, **una** radio, **un** hotel, **un** autobús

es … / son …

1. un ______

2. ______

3. ______

4. ______

5. ______

6. ______

7. ______

8. ______

ACTIVIDADES

6 ***El* o *la***
Escribe el artículo determinado. ▪ *Schreibe die Wörter mit dem bestimmten Artikel auf.*

1. un balón el balón
2. una radio la radio
3. un teatro ______
4. una televisión ______
5. unos teléfonos ______
6. unas pizzas ______
7. un hotel ______
8. un autobús ______

7 **¡Ten cuidado!** ▪ **Pass auf!**
Escribe las palabras en singular. ▪ *Schreibe die Singularformen. Fällt dir etwas auf?*

1. las televisiones la ______
2. los autobuses ______
3. los balones ______

8 **El artículo ■ Der Artikel**
Ve a la página 94 y completa el cuadro 2. ■
Gehe auf Seite 94 und vervollständige die Tabelle 2.

PRACTICAR

9 *Escribe los artículos en el texto. ■ Setze die bestimmten oder unbestimmten Artikel in den Text ein.*

Los _______ chicos de _______ clase hablan de _______ alumna nueva. _______ chica es de España.

Habla muy bien español y _______ poco de alemán. _______ profesor: «Ella es Eva. Es de Madrid.

El papá de Eva trabaja aquí, es profesor. La mamá trabaja en _______ instituto también, es profesora de

inglés». _______ alumnos charlan con _______ alumna nueva de _______ clase. Después hablan con

_______ profesor de España y de Madrid.

10 **¿Y los verbos?**
En el recreo Anne y Luisa hablan con la amiga nueva.

Anne: ¿De dónde eres _________ (ser), Eva?

Eva: _________ (ser) de Madrid. Y vosotras,

¿de dónde _________ (ser)?

Luisa: Ella _________ (ser) de Alemania y yo _________ (ser) de aquí.

Anne: ¿Tu papá y tu mamá _________ (trabajar) en el instituto?

Eva: Sí, mi mamá _________ (ser) profesora de inglés y mi papá _________ (ser) profesor de español.

Él _________ (hablar) bien alemán.

Luisa: ¿Y tu hermana? ¿Qué _________ (hablar) ella?

Eva: Ella no _________ (hablar) alemán. _________ (hablar) inglés y español.

Anne: Mira, allí _________ (llegar) Martín y Alberto.

_________ (ser) unos amigos. ¡Hola! ¿Qué tal?

Martín: Hola. ¿De qué _________ (hablar), chicas?

Luisa: _________ (charlar) de la familia de Eva.

Alberto: ¿No _________ (hablar) de la fiesta?

Anne: ¿Qué fiesta?

Alberto: Mañana _________ una fiesta en el instituto.

Luisa: Ah, muy bien. Entonces, ¡hasta mañana, chicos!

Anne: Y nosotras, ¿_________ (tomar) algo?

Eva: Sí, vale.

11 **Mi bolso de los verbos**

*Schreibe die Verben **charlar**, **hablar**, **trabajar**, **llegar**, **tomar**, **ser** auf jeweils eine Spielkarte. Packe sie in einen Beutel, deinen „**Bolso de los verbos**". Bildet Dreiergruppen. Jede Gruppe spielt mit einem Würfel und einem Beutel. **A** würfelt, **B** zieht eine Karte und konjugiert das Verb nach den Punkten auf dem Würfel, **C** schlägt Seite 94–95 auf und kontrolliert. **A** und **B** wechseln ab. **C** notiert den Spielstand. Für jede richtige Form gibt es einen Punkt. Für jede falsche zieht **C** einen Punkt ab. Wer ist der / die beste in deiner Gruppe? Und in deiner Klasse?*

⚀ yo ⚁ tú ⚂ él / ella ⚃ nosotros / nosotras ⚄ vosotros / vosotras ⚅ ellos ellas

¿QUÉ TAL?

INTRODUCCIÓN

1 **La fiesta**

a *Escucha.* ■ *Höre zu.*

b **¿Quién es?**

Pregunta y contesta. ■ *Lies die Dialoge aus* **a** *, stelle Fragen und antworte wie im Beispiel.*

¿Quién es? ¿Quiénes son?

Ejemplo: Lee cómics, ¿quién es? Es Anne.

1. Ve la tele. 2. Lee un mensaje. 3. Comen bocadillos. 4. No comprende. 5. Beben un zumo.

2 **Los bocadillos**

Traduce las palabras. ■ *Übersetze die Wörter ins Deutsche und trage sie in dein Heft oder Vokabelheft ein.*

ACTIVIDADES

3 Foto fija ■ Standbild
Fünf Schüler/innen stellen ein Standbild dar, welches sie typisch für eine Party finden. Die anderen raten, welche Tätigkeiten von euch dargestellt werden.

DESCUBRIR

4 Los verbos en *-er* ■ Verben auf *-er*
Ve a la página 95 y completa el cuadro 3. ■
Gehe auf Seite 95 und vervollständige die Tabelle 3.

5 En tu fiesta
Escribe. ■ *Bereite eine Karte mit einem Steckbrief von dir selbst vor und verwende ser, hablar, comer, comprender, beber, ver. Jeder sucht eine/n andere/n Mitschüler/in aus und stellt ihn / sie vor.*

Soy ______

hablo ______

como ______

… ______

COMPRENDER

6 ¿*Sí* o *no*?
Corrige las frases. ■ *Lies den Text ¿Qué tal? auf Seite 13 im Schülerbuch und korrigiere diese Aussagen.*

1. Roberto es una chica. No, Roberto es un ______
2. Juan toma un libro y ve la tele. ______
3. Mañana hay un concierto de Enrique Iglesias. ______
4. Maite habla muy bien alemán. ______
5. Juan y Susanne toman agua y trabajan. ______
6. Susanne no comprende español. ______

7 Mi bolso de los verbos
Ergänze deine Sammlung mit den Verben:
ver, leer, comprender, comer.
Wenn du möchtest, kannst du diese Verben in einer anderen Farbe schreiben.
Nun könnt ihr in Gruppen wieder das Verbspiel spielen!

PRACTICAR

8 Verbos, verbos, verbos

Completa el texto. ▪ *Trage die fehlenden Verbformen in den Text ein.*

Toño: Hola Inma, ¿qué tal?

Inma: ¡Fenomenal! ¿Qué ____________ (leer)?

Toño: ____________ (ser) mi móvil. ¿____________ (ver) el mensaje, Inma?

Inma: Sí, ____________ (ver) un mensaje en alemán de Susanne.

Yo no ____________________ (comprender) alemán.

Toño: Yo ______________ (hablar) un poco de alemán.

______________________ (leer / nosotros) el mensaje, ¿vale?

Inma: No, ¡tú ____________________ (leer) el mensaje!

Toño: Vale, … pues … Susanne ____________________ (llegar) tarde a la fiesta.

Ella ____________________ (trabajar) con su hermana en el instituto.

Inma: Sí, Kathrin y Susanne ______________________ (trabajar) mucho.

9 Preguntar y contestar

Haz preguntas con ser, beber, hay, comer. ▪ *Schreibe die richtige Frage.*

> Denke daran: Im Spanischen schreibt man eine Frage immer mit einem umgedrehten Fragezeichen am Anfang und einem Fragezeichen am Ende: ¿ … ?.

1

¿Quién es? ____________

– Es Inma.

2

____

– Un bocadillo de jamón.

3

____

– Es un móvil.

4

____

– Es Toño.

5

____

– ¿En la mesa? ¡Un pastel!

6

Inma, ____________________

– ¿Yo?, zumo de naranja.

10 **¡Hablo español!**

Escribe frases como en el ejemplo. ▪ *Schreibe zu jedem Verb mindestens 2 Sätze in dein Heft, z. B.:*

hablar: Hablo inglés y alemán. Mi amigo habla español muy bien.

ver | llegar | leer | hablar | hay | bailar | ser | comer

APRENDER MEJOR

11 **Palabras amigas**

Kannst du die Wörter verstehen, auch wenn du die Sprache nicht sprichst? Trage die Wörter in die Tabelle ein und ergänze die fehlenden Wörter, die hier nicht abgedruckt sind.

la conversación — coffee bar — la cafetería — crown — el inglés

English — la corona — conversation — el chocolate — chocolate

la corona		
		die Schokolade

NO SÓLO EN ESPAÑA

INTRODUCCIÓN

1 **Una carta electrónica**

Lee y escucha la carta. ▪ *Inma will Anne kennen lernen.*
Lies ihren Brief und höre ihn.

¡Hola!

Querida Anne:
¡Hola!, me llamo Inma. Tengo 12 años. Soy una coneja española. Aprendo alemán en el instituto y escribo cartas. Tengo una amiga, se llama Nina. Ella vive en Alemania y habla dos idiomas: alemán y español. Mi amiga también tiene un amigo, Niko. Ellos viven en Berlín y tienen muchos amigos. ¿Y tú en Alemania? ¿También vives en Berlín? ¿Cuántos años tienes? Yo vivo aquí, en el centro de Madrid con mis padres. Tú tienes un hermano, ¿verdad? Tu hermano y tú en España, ¿vivís también en el centro de Madrid?

Tu amiga Inma

ACTIVIDADES

2 Anne también escribe

Escribe. ■ *Hilf Anne mit ihrem Brief an Inma.*
Schreibe den Brief in dein Heft.
Hier hast du die Informationen über Anne:

- español, un poco
- tener una amiga – Luisa
- de Alemania
- tener 12 años
- de Berlin
- ver la tele, leer libros
- hermano Tim: español, muy bien
- Luisa: vivir en Madrid

3 Los números: 1–20

a *Escucha y escribe los números en el círculo.* ■
Höre zu und schreibe die Zahlen in den Kreis.

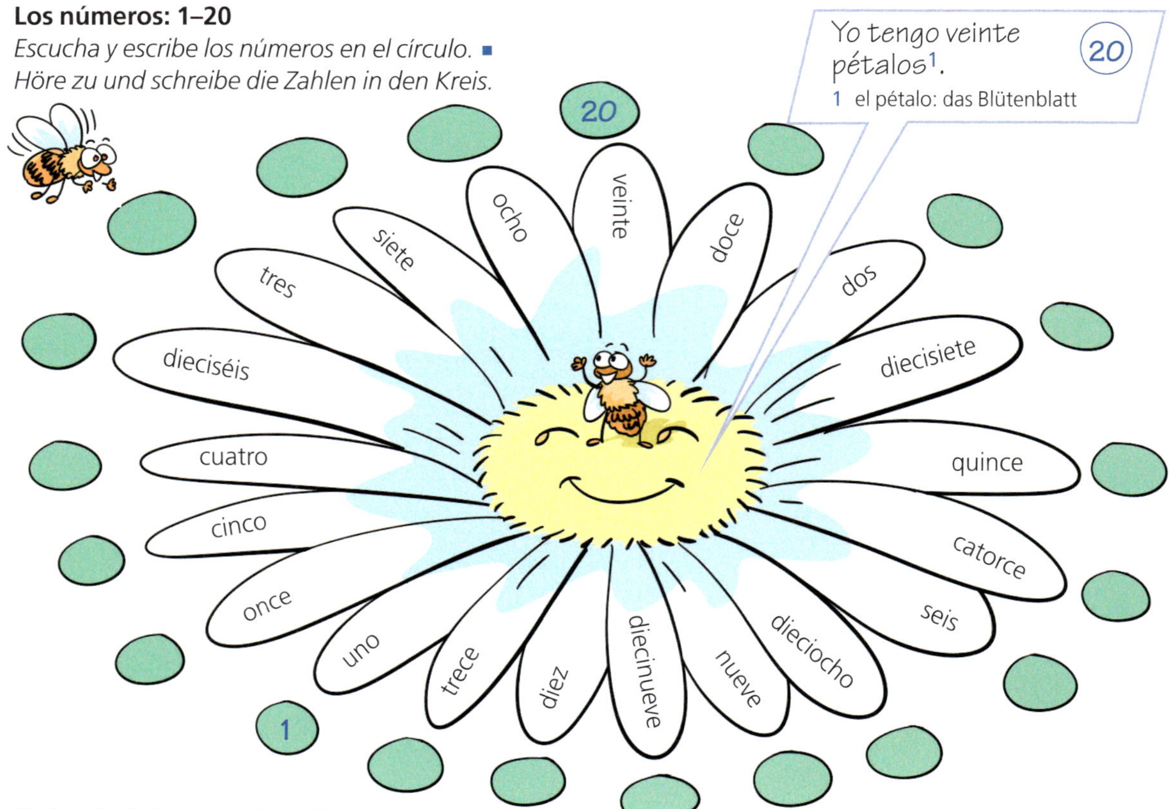

b *Ordne die Zahlen von 1 bis 20*
und schreibe sie in Wörtern in dein Heft ab.

4 Uno, dos y tres

Kreuze die Zahlen an, die du hörst. Welche Zahlen werden nicht genannt?

9	1	15	6	3	13	7	19	17	2
14	12	4	8	16	5	10	20	11	18

DESCUBRIR

5 Los verbos en *-ir* y el verbo *tener*

Ve a la página 95 y completa el cuadro 4. ■
Gehe auf Seite 95 und vervollständige die Tabelle 4.

PRACTICAR

6 **Verbos y verbos**
Completa el texto. ■ *Trage die fehlenden Verbformen in den Text ein.*

a *escribir* o *vivir:*

Susanne ________________ en Berlín. Su hermana Kathrin ________________ en Madrid. Los padres de Susanne y Kathrin ________________ en Alemania. Susanne no ________________ cartas en español, ________________ sólo en alemán. Pero ella habla muy bien español.

¿Y tú? ¿Dónde ________________? ¿Qué idiomas hablas y ________________?

Yo hablo bien español y ________________ muchas cartas. Mis amigos y yo ________________ en España. Yo ________________ en el centro de Madrid. ¿Dónde ________________ vosotros?

b *tener:*

Yo ________________ una hermana. Ella ________________ una amiga. La amiga de mi hermana se llama Eva. Eva y mi hermana ________________ muchos amigos españoles. Mi hermana y yo ________________ muchos amigos alemanes. Los chicos alemanes ________________ muchos amigos españoles. ¿Y tú? ¿________________ muchos amigos?

Y los chicos de la clase y tú, ¿________________ amigos españoles también?

7 **Mi bolso de los verbos**
Ergänze deine Sammlung mit: vivir, escribir, tener.
Nun könnt ihr das Verbspiel noch einmal spielen.
Diesmal aber mit allen Verben!

PRACTICAR

8 **¿Comprendes?**
a *Busca las palabras.* ■ *Um Fragen zu stellen, brauchst du Fragewörter.*
Die Schlange hat einige Vorschläge für dich. Markiere die Fragewörter:

b *Escribe preguntas … ¡Tu compañero/-a contesta!* ■
Formuliere Fragen mit jedem dieser Fragewörter. Dein/e Mitschüler/in beantwortet die Fragen!

Ejemplo: ¿Cómo te llamas? Me llamo ________________________

9 ¿Cuántos años tienen?

Tengo ... años

Yo tengo trece años. ¿Y tú? ¿Cuántos años tienes?

a *Gib den Kindern einen Namen und schreibe ihr geschätztes Alter dazu.*

b *Vergleiche deine Einschätzungen mit denen deiner Mitschüler/innen.*
Ejemplo: **El chico número 1 se llama Carlos y tiene ...**

10 Sopa de números ▪ Zahlensalat

a *¿Qué número entre 1 y 15 falta en la sopa?* ▪ *Welche Zahl zwischen 1 und 15 fehlt? Schreibe sie unten auf.*

C	I	N	Ñ	Q	L	Y	U
E	P	E	R	U	P	A	S
Ó	V	A	L	I	U	U	F
S	S	D	J	N	N	R	Y
C	C	I	N	C	O	L	Z
N	U	E	V	E	P	R	J
Ú	A	Z	N	M	O	F	H
M	T	S	I	E	T	E	F
E	R	J	D	A	R	T	P
R	O	O	T	R	E	S	D
O	N	C	E	D	C	S	O
S	L	H	Y	S	E	I	S
Q	D	O	C	E	E	R	E

b *Tu sopa de números* ▪ *Denke dir einen Zahlensalat für deine/n Mitschüler/-in aus.*

11 ¿Qué número es?

Escucha y apunta en tu cuaderno. ▪ *Höre die Rechenaufgaben an und notiere die Ergebnisse in deinem Heft.*

12 Para tu compañero/-a

Bereite ein Arbeitsblatt für deine/n Mitschüler/in mit fünf Rechenaufgaben vor. Verwende nur Zahlen bis 20. Die Ergebnisse sollen nicht höher als 20 sein! Lies ihm / ihr die Aufgaben auf Spanisch laut vor.

+ más
– menos
x multiplicado por
/ dividido entre
= igual

¿CÓMO SE DICE EN ESPAÑOL?

13 Los animales domésticos ■ Die Haustiere

a *Escucha el poema. ■ Höre das Gedicht an und lerne es auswendig.*

La cabra negra

La cabra negra, Morita,
se comió una margarita

y, claro, por comer flores,
le subieron los colores.

La cabra negra, Morita,
es la cabra más bonita.

© Antonio A. Gómez
Poemas para niños

la tortuga

el perro

el gato

el periquito

el hámster

b *Gib den Tieren lustige Namen.*
Bilde dann Reime wie im Beispiel.

Ejemplo: El perro Miguel
come pastel.

el pez (los peces)

el caballo

14 ¿Es una tortuga?
Escucha, ¿qué animal es?

ACTIVIDADES

15 Dibuja «tu» animal doméstico. ■
Male „dein" Haustier.

a *Gestalte ein Blatt und stelle „dein" Haustier auf Spanisch vor.*

b *Bringe dein Blatt in den Unterricht mit.*
Welches Tier hat dein/e Mitschüler/in gestaltet?
Stelle es den anderen vor.

REPASO

1 ¿Cómo se dice en español?

Completa y traduce. ■ *Ergänze und übersetze die Sätze ins Spanische. Schreibe in dein Heft.*

Hallo, ich heiße … .

Ich komme aus … .

Ich wohne in … .

Kommst du aus Spanien?

Mir geht es (sehr) gut.

Ich spreche Deutsch, Englisch und Spanisch.

Ich habe eine/n … (dein Haustier). / Ich habe kein Haustier.

2 Yo pregunto y pregunto

Pregunta y contesta. ■ *Du fragst und dein/e Freund/in antwortet. Anschließend tauscht ihr die Rollen. Utiliza:*

cómo | quién | de dónde | qué | quiénes | dónde | qué hay

3 ¿Cuántos balones hay?

Mira el dibujo un minuto. Cierra el libro. Haz una lista de las cosas. ■ *Betrachtet die Zeichnung eine Minute lang. Klappt eure Bücher zu. Wer kann sich an die meisten Dinge erinnern?*

4 El rap de los nombres

Escucha el rap y completa el texto. ■ *Höre dir den Rap an und ergänze den Text.*

1 Yo me llamo ____________________,
soy de Barcelona.
¿ ____________________ te llamas tú?

2 Tú te ____________________ Ana,
tú eres ____________________
no eres de Katmandú.

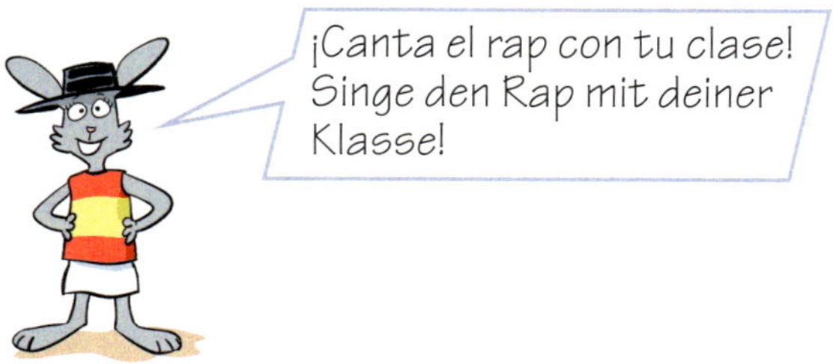

3 ¿Cuál[1] es tu ____________________?
¡Dime, pues hombre![2]
¿Cómo te llamas ____________________?

4 Te llamas ____________________
y ____________________ de Toledo.
¿De dónde ________ Esteban, Ramón y Marisol?
Son todos de España y hablan y hablan y hablan…
____________________________________.

1 cuál : *hier:* wie
2 ¡Dime, pues, hombre!: Sag mir, Mensch!

AUTOCONTROL

1 Y una vez más ... ¡verbos! ▪ Und noch einmal ... Verben!

Completa el cuadro. ▪ Vervollständige die Tabelle.

		comprender		ser	tener
yo					
tú	charlas				
él, ella, usted			escribe		
nosotros/-as					
vosotros/-as					tenéis
ellos/-as, ustedes					

2 El plural de los sustantivos

Schreibe die bestimmten und unbestimmten Artikel und die Pluralformen neben die Substantive.
Schreibe die maskulinen Artikel in blau und die femininen in rot.

Ejemplo: el / un caballo – los / unos caballos

1. la / una plaza – ____________
2. el / ____ bocadillo – ____________
3. ____ / un profesor – ____________
4. ____ / ____ móvil – ____________
5. ____ / ____ chica – ____________
6. ____ / ____ clase – ____________

3 Las preguntas

Schreibe die Fragen zu den Antworten:

1. ____________ Me llamo Inma.
2. ____________ Soy de España.
3. ____________ Susanne habla alemán.
4. ____________ Vive en Buenos Aires en Argentina.
5. ____________ Es un zumo de naranja.

4 Los números del 1 a 20

Gib die Ergebnisse der Lottozahlen bekannt.

¡Mira! el ocho, después el ____________

____

____

____

Die Lösungen findest du auf Seite 110.

INTRODUCCIÓN

1 La familia de Toño

a *Escucha. ▪ Höre zu.*

¡Hola chicos! Ésta es mi familia: Ésta es mi madre, se llama Alba. Éste es mi padre, se llama Jorge. Tengo 3 hermanos: Mi hermano mayor, Álvaro, tiene 17 años, mi hermana mayor, Lupe, tiene 14 años y mi hermana pequeña, Clara, tiene 5 años.

También tengo abuelos. Ésta es mi abuela Luz y éste es mi abuelo Luis. Mi madre es la hija de Luz y Luis.
Ahora ya conoces[1] a mi familia. ¿Quién es quién?

1 conocer = kennen

b *¿Quién es quién?*
Lee el texto y completa el dibujo. ▪ Lies dir den Text genau durch und schreibe die Vornamen von Toños Familienmitgliedern in das Bild.

DESCUBRIR

2 La familia de Toño

Completa. ▪ Vervollständige.

Éste bezieht sich auf ein ______________________________ Nomen.

Ésta bezieht sich auf ein ______________________________ Nomen.

PRACTICAR

3 Ésta es mi silla

Completa con éste o ésta. ▪ Schaue dir die Bilder an und ergänze mit éste oder ésta.

 1. ______________ es mi amigo Niko.

 2. ______________ es mi lápiz.

 3. ______________ es mi amiga Nina.

 4. ______________ es mi cuaderno.

Mi página

Presenta a tu familia. ■ *Klebe Bilder von deiner Familie auf oder male jeweils ein Bild von deinen Verwandten. Schreibe den Namen der jeweiligen Person darunter.*

Ejemplo: **Ésta es mi madre. Se llama Monika.**

DE LA SERENA A MADRID

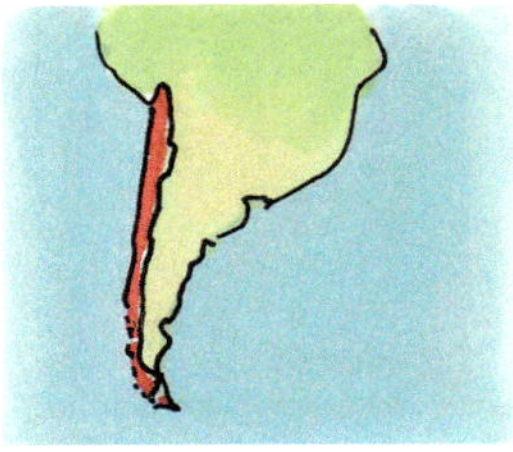

INTRODUCCIÓN

1 La familia de Pati

Escucha. ¿Quién es quién? ▪ Höre zu und schreibe die Namen unter die Bilder.

1 ____________ 2 ____________ 3 ____________ 4 ____________

DESCUBRIR

2 Pati

a *Escucha otra vez. ▪ Höre den Text noch einmal und finde heraus, was heißt:*

1. sus hermanos: ____________
2. tus amigas favoritas: ____________
3. tu hermano favorito: ____________
4. mis amigas: ____________

b El determinante posesivo ▪ Der Possessivbegleiter

Va a la página 95 y completa el cuadro 5.

PRACTICAR

3 Blanca Nieves y los siete enanos ▪ Schneewittchen und die sieben Zwerge

a *Completa el texto con los determinantes posesivos. ▪ Fülle den Lückentext mit Possessivbegleitern aus.*

mi, nuestros, su, nuestra, tus, vuestros, mis, tu, sus

Ésta es Blanca Nieves y éstos son ____________ amigos: Gruñón y Tontín.

Blanca Nieves y los siete enanos viven en un bosque[1]. Inma habla con ellos tres:

Inma: ¡Hola Blanca Nieves! ¿Tienes muchos amigos?

Blanca Nieves: Sí, tengo siete amigos. Éstos son dos: Gruñón y Tontín.

Gruñón es ____________ amigo mayor y Tontín es ____________ amigo pequeño.

Inma: Blanca Nieves, ¿y ____________ amigos? ¿Dónde trabajan?

Blanca Nieves: ____________ amigos trabajan en el bosque.

Gruñón: Ah, sí, verdad. Tontín, yo y ____________ amigos trabajamos en el bosque.

Tontín: Y ____________ amiga, Blanca Nieves, trabaja en casa.

Inma: Blanca Nieves, ¿y ____________ madre?

Blanca Nieves: ¿____________ madre? … Pues en casa con ____________ espejo[2].

1 el bosque: der Wald
2 el espejo: der Spiegel

Inma: ¿Y los animales en el bosque, son ___________ amigos?

Gruñón y Tontín: Sí, los animales son ___________ amigos. ¡Tenemos muchos amigos!

Inma: Bueno, chicos, ¡hasta luego!

b *Ahora escucha el texto y compara.* ▪ *Höre dir jetzt den Text an und vergleiche deine Einträge.*

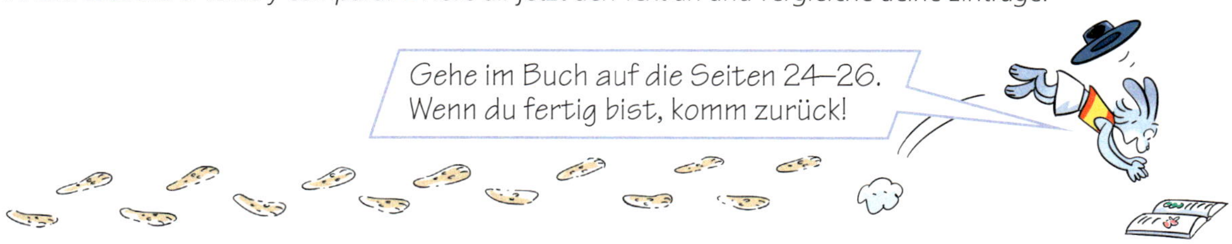

PRACTICAR

4 ***Querer*, *saber*, *hacer***

Completa el dibujo. ▪ *Trage die Verbstämme ein, die zu beiden Flügeln der Schmetterlinge passen. Welche beiden passen nicht? Schreibe sie in die Mitte und vervollständige ihre Verbformen.*

quer | s | quier | hag | sab | hac

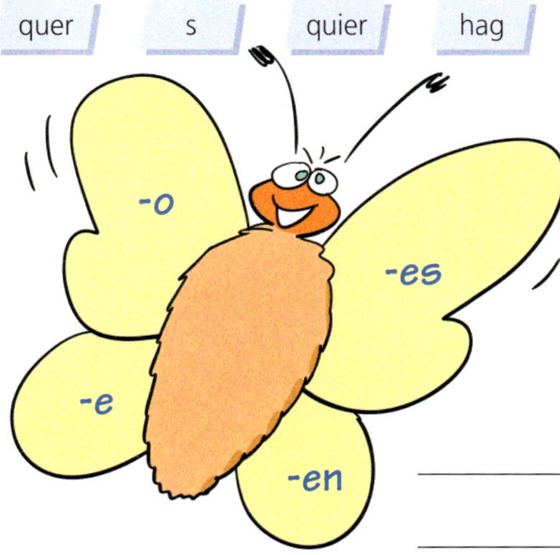

____

____

5 **Los verbos *querer*, *saber* y *hacer***

Ve a la página 96 y completa el cuadro 6.

6 **Mi bolso de los verbos**

Completa tu «bolso de los verbos» con querer, saber, hacer.

7 La familia de Inma – ¿*Éste* / *Ésta* – *Éstos* / *Éstas*?

Completa el texto. ▪ *Fülle den Lückentext aus.*

Hola amigos:

__________ es mi familia: __________ son mis padres: __________ es mi madre. Se llama Eugenia. Y __________ es mi padre. Se llama Roberto. __________ son mis hermanas, se llaman Mercedes y Marga. Y __________ es nuestra perra Loli. Loli tiene 5 años. ¡Es muy tranquila! También comprende algunas palabras. Ah … y __________ es mi prima Carmen. Carmen no vive con nosotros, vive en Sevilla. Bueno, ¡ __________ es mi familia!

8 Adjetivos: ¿Cómo es? ¿Cómo son?

Completa con los adjetivos. ▪ *Unterstreiche zuerst die maskulinen Substantive in blau und die femininen in rot. Ordne ihnen die richtigen Adjektivformen zu.*

1. una chica __________
2. mi caballo __________
3. la tía __________
4. el barrio __________
5. mis amigos __________
6. una pizarra __________
7. los chicos __________
8. la casa __________

simpático/-a
pequeño/-a
bonito/-a
tranquilo/-a
favorito/-a
moderno/-a
curioso/-a
grande

9 ¡Qué difícil!

Escucha ¿Quién es? ¿Qué es? ▪ *Höre zu! Von wem oder was ist die Rede? Kreuze die richtige Bildhälfte an.*

10 ¿Cómo es tu bolígrafo?

Mira las cosas en tu mesa. ¿Cómo son? ▪ *Schaue dir die Sachen auf deinem Tisch an und beschreibe sie abwechselnd mit deinem/-r Mitschüler/in.*

Ejemplo: Éste es mi bolígrafo favorito. – Éste es un libro pequeño.

11 El lápiz

Dibuja las palabras en tu cuaderno. ▪ *Male ein Bild zu jedem dieser Wörter in deinem Heft. So prägst du sie dir besser ein!*

el aeropuerto
el móvil
la televisión
la radio
el autobús
el zumo
el bocadillo
el pastel

¡ESTOY EN MADRID!

INTRODUCCIÓN

1 La habitación de Anne

Escucha y ordena los dibujos. ▪ *Höre zu und finde die Wörter auf dem Bild. Schreibe den zu jedem Wort gehörigen Buchstaben in der richtigen Reihenfolge auf. Wie lautet das Lösungswort?*

Lösungswort: ____

ACTIVIDADES

2 En la habitación de Inma

¿Qué hay en la habitación de Inma? Escribe el nombre de las cosas. ▪ *Was gibt es in Inmas Zimmer? Schreibe die Namen der Gegenstände in die Kästen.*

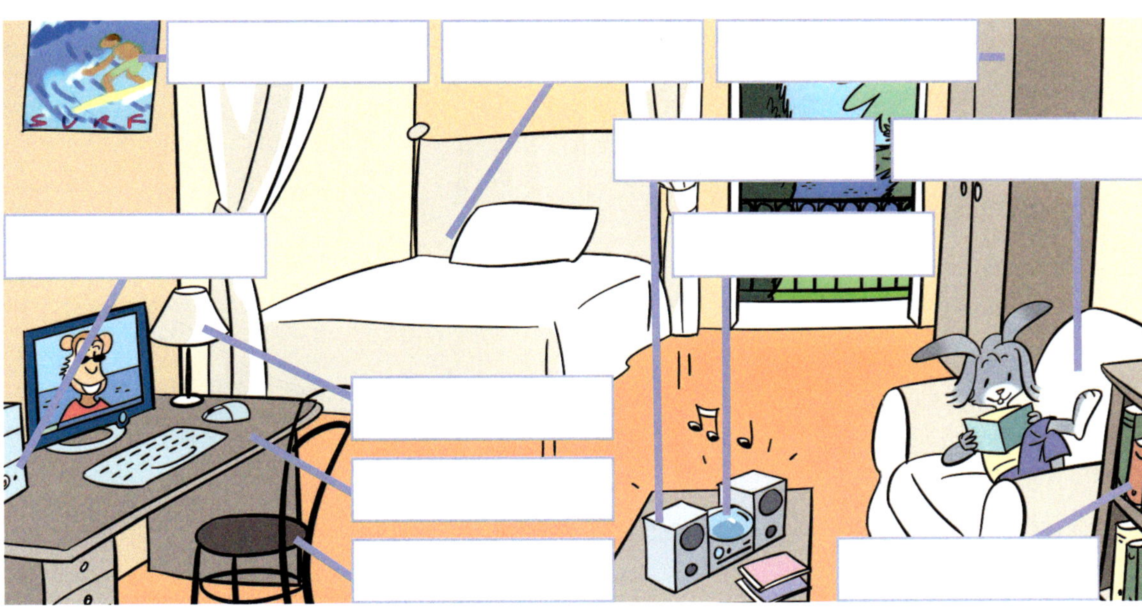

3 En mi habitación hay …

Bildet einen Kreis. Der / die Erste fängt an zu sagen: En mi habitación hay … *und nennt einen Gegenstand. Der / die Zweite wiederholt den Satz und ergänzt einen weiteren Gegenstand usw. Achtung, der / die Erste muss eventuell alle Gegenstände des Zimmers wiederholen!*

DESCUBRIR

4 ¿Dónde está Inma?

a *Mira los dibujos y lee las frases.* ▪ *Schau dir die Bilder an und lies die dazugehörigen Sätze.*

1

Inma está encima de la mesa.

2

Toño está debajo del escritorio.

3

Toño está a la derecha de Inma. Inma está a la izquierda de Toño.

4

Inma está al lado de la cama.

b *¿Cómo se dice en alemán? Traduce las preposiciones.* ▪ *Übersetze die Präpositionen des Ortes aus* **a** *ins Deutsche.*

encima de	debajo de	a la derecha de	a la izquierda de	al lado de
______	______	______	______	______

PRACTICAR

de + el = **del**: encima del escritorio
de + la = **de la**: encima de la cama

5 ¿Dónde está el libro?

Escucha las frases y marca en el dibujo. ▪
Höre die Sätze und kreuze an, wo sich die Gegenstände befinden.

1  2  3  4 

6 La habitación de Toño

¿Qué tiene Toño en su habitación? Escribe las palabras. ▪ *Was hat Toño in seinem Zimmer? Schreibe die Wörter in die Lücken und achte auf den richtigen Artikel.*

Hola amigos, en mi habitación tengo ______  y al lado de la cama hay ______  pequeña. También tengo ______ 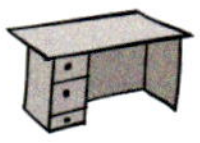 y a la derecha de la cama tengo ______ . También tengo ______  y ______ . Están encima del escritorio. A la derecha del escritorio hay ______  y también hay ______ . Al lado del escritorio está ______ . ______  está a la izquierda de la cama. Al lado de ______  hay ______ : allí escucho mis cds favoritos. En la estantería, debajo de mis ______  está ______ . ¡Es una habitación fenomenal!

7 ¿Dónde está el periquito Tito?

*Schneide die Möbel auf S. II aus, male sie an und gestalte dein Lieblingszimmer. Schneide auch den Wellensittich Tito aus und platziere ihn abwechselnd mit deinem Nachbarn an verschiedenen Stellen in dem Zimmer. Frage deinen Nachbarn: „¿Dónde **está** el periquito Tito?" und dein Nachbar muss sagen, wo sich Tito befindet, z. B. „Tito **está** debajo de la cama". Danach lässt dein Nachbar Tito durch das Zimmer fliegen!*

8 Tu habitación favorita

Dibuja tu habitación favorita. ▪ *Male dein Traumzimmer auf ein Blatt Papier oder eine Overhead-Folie und beschreibe das Zimmer deiner Klasse.*

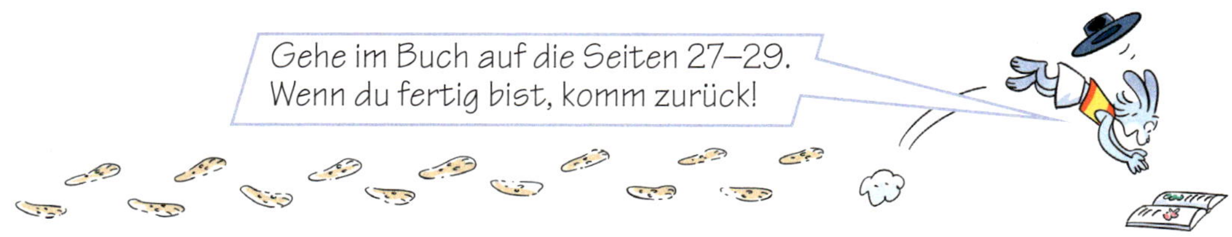

PRACTICAR

9 El verbo *estar*

Ve a la página 96 y completa el cuadro 7.

10 Mi bolso de los verbos

Completa tu «bolso de los verbos» con el verbo estar.

11 Rándal está en Madrid

Completa el texto con el verbo estar. ▪
Fülle den Lückentext mit dem Verb estar aus.

Ahora Rándal ___________ en el aeropuerto de Madrid, Barajas. Pero sus padres ___________ en La Serena, en Chile.

Rándal: ¡Fenomenal, ahora ___________ en Madrid!

Su familia de Madrid también ___________ en el aeropuerto:

Familia: ¡Hola Rándal, aquí ________________ (nosotros)! Y tú, ¿cómo ___________ ? ¿Qué tal el viaje?

Rándal: ___________ bien, gracias. Y vosotros, ¿también ___________ bien?

Roberto: Sí, gracias. Ahora vamos a casa y miras tu habitación. ___________ al lado de mi habitación.

Rándal: ¡Fenomenal!

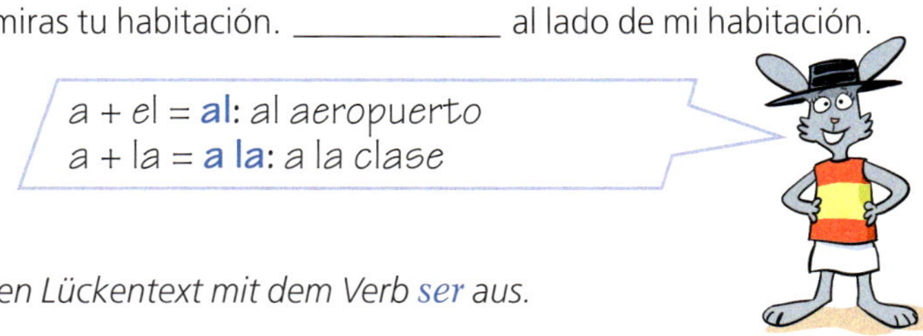

12 La habitación de Rándal

Completa el texto con el verbo ser. ▪ *Fülle den Lückentext mit dem Verb ser aus.*

La habitación de Rándal ___________ muy bonita: La mesa ___________ pequeña, la cama ___________ grande y la cadena de música ___________ fenomenal.

Rándal: Roberto y Nuria, vosotros ___________ muy simpáticos. Como mis amigos en Chile, ellos también ___________ muy simpáticos.

Roberto y Nuria tienen un regalo para Rándal, ___________ un chándal.

Rándal: ¡Gracias por el chándal! ___________ muy bonito.

Nuria: Tú ___________ muy simpático, Rándal. Tú ___________ nuestro amigo.

13 *Ser* y *estar*

Completa las frases con el verbo ser o estar. ▪ Ergänze die Sätze mit dem Verb ser oder estar.

1 Ella ___________ Inma,
___________ una coneja.
Inma no ___________ profesora.

2 Inma ___________ encima
de la mesa.

3 Ellos ___________ Niko y Nina.
___________ amigos.

4
Hola Niko: ¿Cómo ___________?
Hola Nina, yo ___________
muy bien, ¿y tú?

5 Él ___________ Toño,
___________ de México,
___________ muy simpático.

6 Toño ___________ en su
habitación, No ___________
bien, ___________ muy cansado[1].

[1] cansado/-a : müde

14 ¿Qué verbo es?

Completa con ser o estar. ▪ Ser und estar drücken Unterschiedliches aus. Lies die Beispiele und trage das Verb ser in blau und estar in grün in die Mitte der richtigen Blume ein.

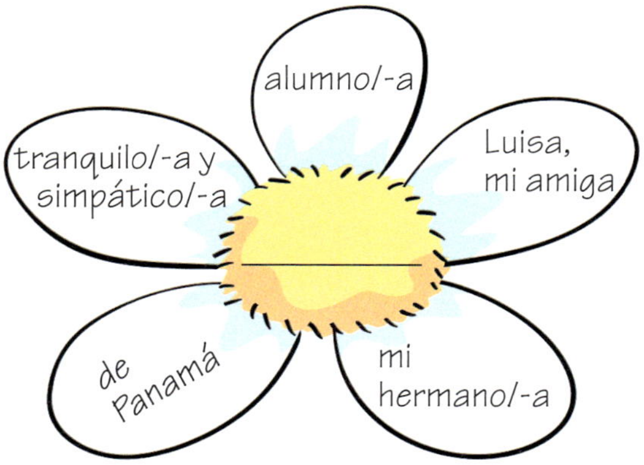

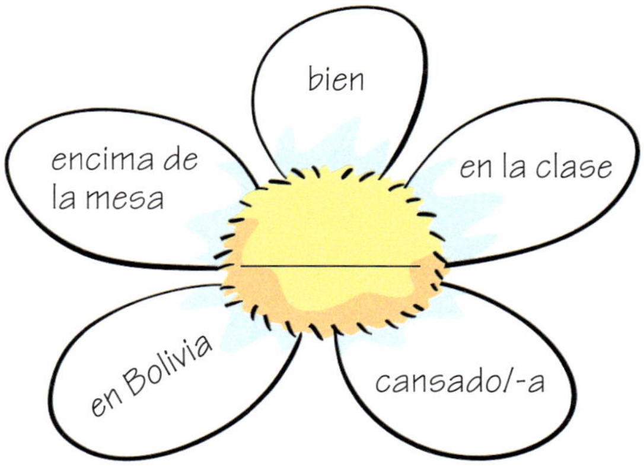

15 ¿*Ser* o *estar*?

Completa con ser o estar. ▪ Vervollständige die Sätze mit den Verben ser in blau oder estar in grün.

1. El libro ___________ encima de la mesa.
2. ___________ (nosotros) españoles.
3. ¡Hola, ___________ (yo) Rándal!
4. Hola Nuria, ¿cómo ___________ ?
   Nuria: Bien, gracias.
5. La habitación de Rándal ___________ pequeña.

6. ¿Dónde ____________ mis cds?
7. Me llamo Karin. ____________ alemana.
8. Roberto ____________ muy simpático.
9. Pepino ____________ mi caballo favorito.
10. Los gatos Carlo y Carla ____________ tranquilos.

16 ¿Quién soy yo?

Escucha y completa el texto. ▪ *Höre zu und vervollständige den Text.*

¿Quién soy yo?
Soy, soy Inma,
soy, soy ______________,
no soy profesora,
soy, soy simpática, ______________ y simpática.
Soy, soy Toño,
soy, soy ______________,
no soy tranquilo,
soy, soy curioso, ______________ y curioso.

Estoy, estoy en la ______________,
y estoy, estoy muuuuuuy ______________.
Estoy, estoy en la ______________,
y estoy fenoooooomenal.
Estamos en la clase,
y ______________ súper bien.
Estamos en la clase
y ______________ súper bien.

17 ¡*Come, lee, baila*!

Escucha y presenta en clase. ▪
Ihr hört verschiedene Aufforderungen.
Stellt sie pantomimisch dar.

18 El imperativo ▪ Der Imperativ

Ve a la página 96 y completa el cuadro 8.

19 La madre de Inma

Completa con el imperativo. ▪ *Inmas Mutter sagt ihr und ihren Freunden viele Dinge.*
Schau dir die Bilder an und vervollständige die Sätze.
Vorsicht mit den unregelmäßigen Imperativen!

1. Inma, ¡ ____________ (tomar) tu cuaderno!

2. Chicos, ¡ ____________ (comer) un bocadillo!

3. Inma, ¡ ____________ (tener) cuidado con tus libros!

4. Chicos, ¡ ____________ (preparar) vuestros libros para mañana.

5. Inma, ¡ ____________ (hacer) tus deberes!

6. A ver chicos, ¡ ____________ (estudiar)!

ARGÜELLES

INTRODUCCIÓN

el instituto ___

la plaza ___

el cine ___

el parque ___

la piscina ___

la estación del metro ___

el supermercado ___

el hotel ___

la tienda ___

1 La casa de Luisa

Ésta es la calle de Luisa.
El barrio se llama Lavapiés.
Escucha el texto y escribe el número correcto al lado de las palabras.

DESCUBRIR

2 Al lado de mi casa

Escucha otra vez y traduce. ▪ *Höre noch einmal zu und finde heraus, was heißt:*

1. enfrente de ______________________ 2. delante de ______________________

3. detrás de ______________________ 4. entre ______________________

PRACTICAR

3 Lavapiés

Mira el barrio de Luisa y completa las frases. ▪ *Schau dir Luisas Stadtviertel an und vervollständige die Sätze. Es gibt mehrere Möglichkeiten!*

1. La ______________ está entre la ______________ y el ______________.
2. ______________ está enfrente de la ______________.
3. La ______________ está delante de ______________.
4. El ______________ está detrás de ______________.
5. ______________ está a la derecha de ______________.
6. ______________ está a la izquierda de ______________.

4 Tu barrio favorito

a *Dibuja en tu cuaderno.* ▪ *Male dein Traumstadtviertel in dein Heft.*

b *Trabaja con tu compañero/-a.* ▪ *Dein/e Mitschüler/in beschreibt dir seine / ihre Stadt und du zeichnest sie in deinem Heft nach.*
Anschließend tauscht ihr die Rollen.
Kommt ihr zum gleichen Ergebnis?

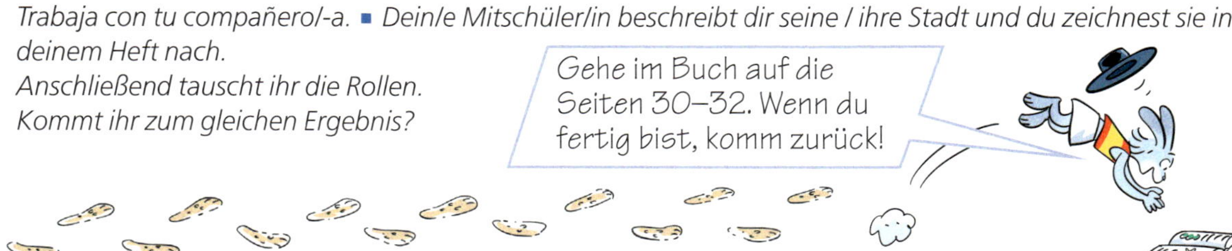

PRACTICAR

5 ¿Quieres salir?

Completa con las formas del verbo salir.

1. vosotros/-as
2. él / ella / Ud.
3. yo
4. tú
5. nosotros/-as
6. ellos/-as / Uds.

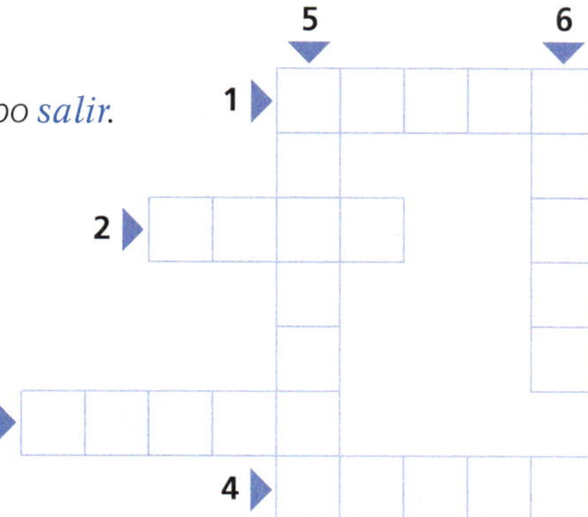

6 Vamos a la fiesta

Completa el texto con el verbo salir.

Roberto y Rándal ________________ a la calle. Hay una fiesta en casa de un amigo de Roberto.

Rándal: ¿Tú ________________ mucho, Roberto?

Roberto: Sí, yo ________________ mucho, pero con mi madre … ¡Uf! es un rollo. Mi hermana Nuria no ________________ mucho, pero siempre pregunta: ¿Adónde ________________ vosotros?

La fiesta es muy divertida y Roberto y Rándal bailan y charlan mucho con sus amigos.

Rándal: Oye Roberto y nosotros, ¿cuándo ________________ otra vez[1]?

1 otra vez: noch einmal

7 El piso de Inma

Describe el piso de Inma. ■ *Beschreibe Inmas Wohnung. Diese Wörter können dir helfen.*

el salón / al lado de / la terraza / la cocina / la habitación / a la derecha de / detrás de / el baño / entre / pequeño/-a / a la izquierda de / bastante grande

8 Tu piso

Dibuja tu piso o tu casa y trabaja con tu compañero/-a. ■ *Male deine Wohnung oder dein Haus auf ein Blatt Papier und vergleiche sie / es mit der / dem deines/-r Mitschülers/-in.*

Ejemplo: **En nuestra casa tenemos una cocina muy grande. Está al lado del salón …**

9 ¿Quién escribe la frase más larga? ■ Wer bildet den längsten Satz?

Du kannst die Wörter mehrmals verwenden!

María	plaza	bebe	prima	muchos	años	es	tío
seis	de	agua	come	con	queso	amigos	hija
algo	calle	sus	la	a	divertido	sale	tiene
bocadillos	muy	Felipe	un	el	siempre	baila	gato
tía	y	mi	toma	Pepe	Laura	zumo	se llama

10 **¿Dónde está el dinero[1] de la abuela?**

Busca el dinero de la abuela. ■

Toños Großmutter hat viel Geld in ihrer Wohnung, aber sie hat vergessen, wo es sich befindet. Kannst du ihr helfen? Lies den Text, trage die Namen der Zimmer in das Bild ein und löse das Rätsel.

¡No sé dónde está el dinero! Ésta es mi casa: una cocina, un baño, un salón y mi habitación. La cocina está a la derecha, enfrente del salón. El salón está al lado de la puerta. ¿El dinero está en el salón? – No, no está en el salón … ay, ay, ay … ¿dónde está? El baño está al lado de la cocina. ¿Y el dinero? No, no … no está allí … ¿dónde está? Enfrente del baño está mi habitación. ¿Sabes dónde está el dinero?

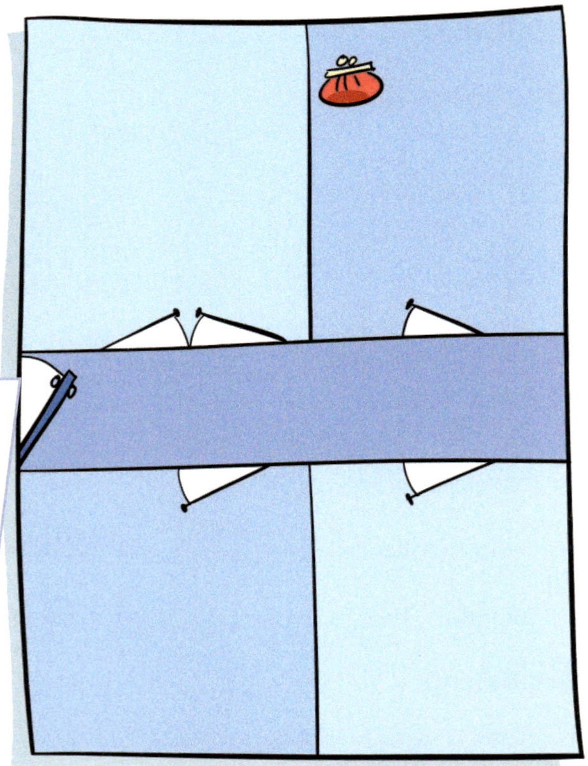

El dinero está en ______________________ .

1 el dinero: das Geld

11 **Hacer el ejercicio**

Tándem, página 106

APRENDER MEJOR

12 **Wortfelder**

a *Lege ein Wörternetz für la ciudad an.*

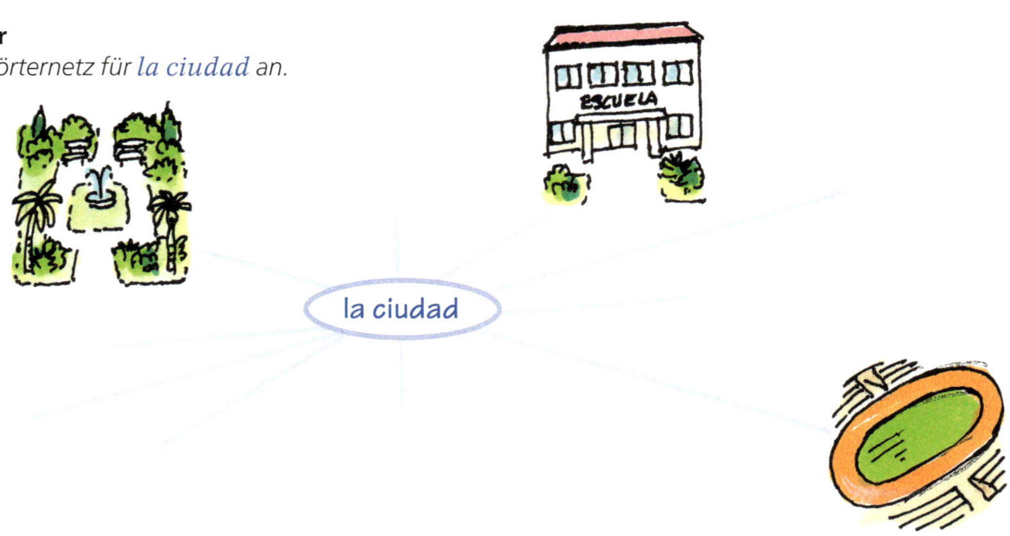

b *Escribe frases con las palabras de* **a** *en tu cuaderno.*

Ejemplo: **Madrid es una ciudad muy interesante.**

c *Schreibe ein weiteres Wörternetz zu „Las habitaciones de mi casa" in dein Heft.*

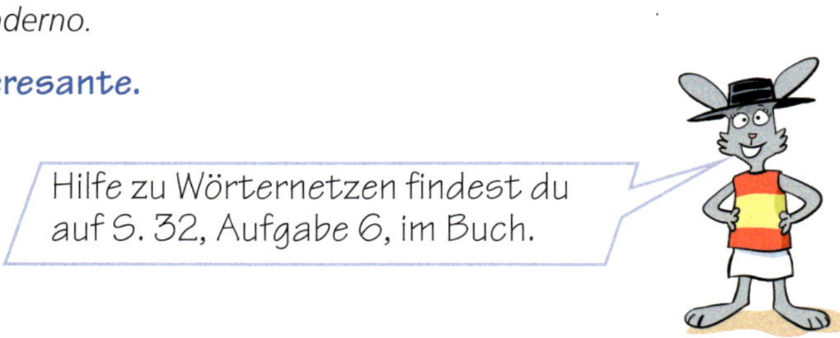

13 **Mi armario de palabras**

Räume zusammen, was zusammen passt!

¿CÓMO SE DICE EN ESPAÑOL?

14 **Hablar en clase**

a *Escucha y combina.* ▪ *Höre zu und verbinde die Sätze mit den Bildern.*

1 ¡No charléis – escuchad!

2 ¡Mirad los dibujos / la transparencia!

3 ¡Escribid en el cuaderno, por favor!

4 ¡Abrid el libro en la página 35 y haced vuestros deberes!

Schau dir die Liste „**El español en la clase**“ auf Seite 148 im Buch an. Malt auch diese Sprechblasen auf große Poster für den Klassenraum! Ihr könnt diesmal eine andere Farbe verwenden.

b ***¿Cómo se dice en alemán?***

Traduce las frases. ▪ *Schreibe die Sätze aus* a *in dein Heft und übersetze sie.*

REPASO

1 **La Plaza Mayor**
Escribe las formas correctas de los verbos.

Toño ________________ (estar) en Madrid con Inma. Los dos ________________ (estar) muy bien.

Ellos ________________ (salir) a la calle. Madrid ________________ (ser) una ciudad grande.

Toño: Yo ________________ (querer) ver La Plaza Mayor. La Plaza Mayor ________________ (estar)

en el centro de la ciudad. ________________ (ser) una plaza interesante y bonita. Inma: Pero yo no

________________ (saber) dónde está la plaza. Inma y Toño ________________ (preguntar) a

dos chicos: ¿________________ (saber) dónde está la Plaza Mayor? Los chicos ________________

(responder)[1]: Sí, sí ________________ (saber). La Plaza Mayor ________________ (estar) allí, a la

derecha, pero … ¡tened cuidado! Hay mucha gente allí. Inma y Toño ________________ (llegar) a la

plaza. En la plaza, Inma ________________ (comer) un bocadillo y Toño ________________ (tomar)

un zumo de naranja. Ahora Inma y Toño ________________ (estar) en Argüelles. Argüelles ___________

___________ (ser) un barrio internacional y ________________ (estar) al lado del Parque del Oeste.

El parque ________________ (ser) muy tranquilo.

1 responder: antworten

2 **El imperativo**
a *Habla con tu robot.* ▪ *Du hast einen Roboter, der viele Sachen für dich macht. Was sagst du ihm?*

1. ¡________________ (hacer) mis deberes!
2. ¡________________ (escribir) mi mensaje en el móvil!
3. ¡________________ (tener) cuidado con mis cds!
4. ¡________________ (salir) de mi habitación!
5. ¡________________ (leer) mis libros!

b *Escribe dos órdenes más para tu robot.* ▪ *Schreibe zwei weitere Befehle für deinen Roboter.*

1. ______________________________ 2. ______________________________

3 **Un compañero nuevo**
Habla con el compañero nuevo. ▪ *Ein Schüler aus einer anderen Klasse besucht euch. Erzähle ihm von eurem Unterricht und frage ihn nach seiner Klasse. Verwende den richtigen Possessivbegleiter.*

¡Mira!, ésta es ________ (yo) clase y éste es ________ (yo) escritorio. ¿Cómo es ________ (tú) clase?

¿Y cómo es ________ (tú) escritorio? ______________ (nosotros) libros están en la estantería.

______________ (nosotros) profesor de español es muy simpático. ¿Cómo es ______________ (vosotros)

profesor? Éstos son ________ (yo) amigos Ana y Luis, ésta es ________ (ella) mesa y éstos son ________

(él) bolígrafos. ¿Cómo son ________ (tú) amigos en la escuela? ¿Dónde están ________ (ellos) libros?

4 **¡Conejos en la clase!**

Escucha y dibuja los conejos en la clase. ▪ *Höre gut zu und zeichne in das Bild ein, wo sich die Hasen im Klassenzimmer befinden. Wie viele Hasen gibt es in der Klasse?*

5 **¿*Ser* y *estar*?**

Completa las frases con ser o estar.

1. Los padres de Roberto ___________ muy simpáticos.
2. Ahora ___________ (ellos) en el aeropuerto de Madrid, Barajas.
3. Nuria y Ramón ___________ los hermanos de Roberto.
4. Roberto no sabe cómo ___________ Rándal.
5. Pero él sabe dónde ___________ su amigo.
6. La madre de Roberto pregunta: «¿Cómo ___________, Rándal?»
7. Rándal: «Fenomenal» ¡___________ (yo) en Madrid!
8. El padre: «Chicos, ¿dónde ___________ vosotros?»
9. Nuria: «¡Aquí ___________ (nosotros)!»

6 **Redewendungen**

Habla con el chico español. ▪ *Ein Austauschschüler ist jetzt bei dir zu Besuch. Verbinde die Sätze.*

Du begrüßt und fragst ihn, wie es ihm geht	1	a	...............¡Ten cuidado con la lámpara!
Du fragst, wie die Reise war	2	b	........Las hermanas pequeñas son un rollo.
Du stellst ihm deine Wohnung vor	3	c	....................¿Cuántos años tiene?
Er sieht die Lampe auf dem Tisch nicht. Du warnst ihn.	4	d	......................¿Para mí? ¡Gracias!
Er beschwert sich über seine Schwester	5	e	..........................Hola, ¿qué tal?
Du beruhigst ihn.	6	f	Éste es nuestro piso: un salón, una cocina, un baño y cuatro habitaciones.
Du möchtest wissen, wie alt seine Schwester ist.	7	g	.......................¿Qué tal el viaje?
Du gibst ihm ein Geschenk und er bedankt sich.	8	h	............................¡Tranquilo!

AUTOCONTROL

1 ¿Sabes?

Completa con los verbos. ▪
Vervollständige mit den richtigen Verbformen.

1. saber, vosotros/-as
2. querer, él / ella / Ud.
3. salir, yo
4. tener, tú
5. llegar, vosotros/-as
6. hacer, yo
7. salir, ellos/-as / Uds.
8. saber, yo
9. hacer, nosotros/-as

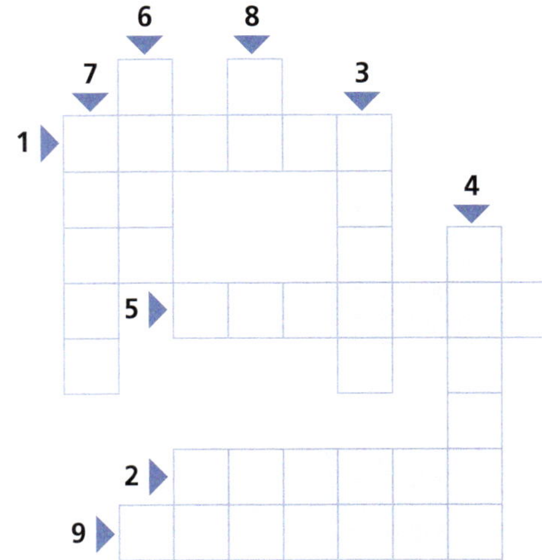

2 ¿Cómo son Inma y Toño?

Completa el texto con una forma de ser o estar.

1. Inma ___________ española.
2. Toño ___________ simpático.
3. Inma ___________ en Madrid.
4. Sus amigos ___________ animales grandes.
5. Inma: Hola Toño, ¿cómo ___________?
6. Toño: Yo ___________ muy bien, gracias.
7. Inma: ¿Dónde ___________ tus libros, Toño?
8. Inma y Toño: Nosotros ___________ tus amigos y ___________ en el instituto.

3 Para aprender mejor

Completa con el imperativo plural. ▪ *Dein Lehrer gibt dir Ratschläge. Verwende den Imperativ 2. Pers. Plural.*

Hola alumnos …

1. _______________ (hacer) vuestros deberes.
2. _______________ (leer) vuestros libros en casa.
3. _______________ (hablar) con los profesores.
4. _______________ (escuchar) música en español.
5. _______________ (tener) cuidado con los verbos.
6. _______________ (escribir) mensajes en español.
7. _______________ (aprender) las palabras.

4 Los adjetivos y el determinante posesivo

Mira el dibujo y escribe una frase con el adjetivo y el determinante posesivo correcto. ▪
Schau dir das Bild an und schreibe einen Satz mit der richtigen Form des Adjektivs und des Begleiters.

Ejemplo: nuevo/-a, yo

Mi bolígrafo es nuevo.

1. moderno/-a, ella ______________________________

2. pequeño/-a, nosotros ______________________________

3. curioso/-a, vosotros ______________________________

4. aburrido/-a, tú ______________________________

5. divertido/-a, yo ______________________________

Die Lösungen findest du auf Seite 110–111.

ENCUENTROS, Cuaderno de Actividades 1A

Mi página

Mi barrio

Dibuja tu barrio o tu ciudad. ▪ *Male dein Stadtviertel oder deine Stadt und stelle dein Bild der Klasse vor.*

EL JUEGO DE LATINOAMÉRICA

LAS REGLAS DEL JUEGO ▪ SPIELREGELN

Ihr könnt dieses Spiel zu dritt, zu viert oder zu fünft spielen. In jeder Gruppe übernimmt ein/e Spieler/in die Rolle des / der Spielleiters/-in.
Zum Spiel braucht ihr:
einen Würfel, einen Spielstein oder einen Knopf pro Spieler/in.
Die Spieler decken die Seite mit den Lösungen ab und haben nur das Spielbrett vor sich, der / die Spielleiter/in hat die Fragen mit den Lösungen vor sich.
Die Spieler würfeln der Reihe nach. Der / die Spielleiter/in liest die entsprechende Frage vor und überprüft die Antwort mit Hilfe der Lösungen. Ist die Antwort nicht richtig, so kehrt der / die Spieler/in zu dem Feld zurück, von dem er / sie gewürfelt hat.
Wer als Erste/r in Lateinamerika angekommen ist, hat gewonnen.

América del Norte

América del Norte
Preguntas de vocabulario

Preguntas	Respuestas
1 ¿Cómo se dice «Federtasche» en español?	el estuche
2 Plural de «la televisión»	las televisiones
3 Julia quiere beber un ~ de naranja.	zumo
4 Übersetze: Das Schwimmbad ist hinter dem Kino.	La piscina está detrás del cine.
5 Quiero mandar una carta. Estoy en ~.	Correos
6 Übersetze: Wer sind deine Freunde?	¿Quiénes son tus amigos?
7 Tres animales domésticos son:	la tortuga, el perro, el gato, el periquito, el hámster, el pez, el caballo.
8 Escucho mis cds con mi ~.	cadena de música.

América Central

América Central
Preguntas de Latinoamérica

Preguntas	Respuestas
1 ¿Cómo se dice «Spanien», «Deutschland» y «Chile» en español?	España, Alemania, Chile
2 ¿De dónde es Toño? y ¿de qué ciudad?	Toño es de México, de Veracruz.
3 La Serena es una ciudad en **a** Argentina **b** Nicaragua **c** Chile	**c** Chile
4 Was sagt man in Chile häufiger: **a** los padres **b** los papás?	**b** los papás
5 Una ciudad en España, Cuba y Perú se llama **a** Sevilla **b** Santiago **c** San Sebastián	**b** Santiago
6 Ein Tanz aus Lateinamerika ist **a** el Rock and Roll **b** la salsa **c** la polca.	**b** la salsa
7 La palabra para «el piso» en Chile es **a** el departamento **b** el colegio **c** el living	**a** el departamento
8 Mallorca und Cuba sind jeweils eine **a** Stadt **b** Halbinsel **c** Insel	**c** Insel

El Cono Sur

El Cono Sur
Frases en español

Preguntas	Respuestas
1 Du fragst einen Mitschüler nach seinem Namen und wo er wohnt.	¿Cómo te llamas? y ¿dónde vives?
2 Du fragst eine Mitschülerin nach ihrem Alter.	¿Cuántos años tienes?
3 Du fragst zwei Mitschüler, wie es ihnen geht.	¿Cómo estáis?
4 Du beruhigst eine Freundin.	¡Tranquila!
5 Du fragst, auf welcher Seite etwas steht.	¿En qué página está?
6 Du bedauerst etwas.	¡Qué pena!
7 Du sagst: „Gehe aus meinem Zimmer raus!“	¡Sal de mi habitación!
8 Du warnst deinen Mitschüler.	¡Ten cuidado!

El Caribe
Tú descansas.
Du setzt einmal aus.

Los Países Andinos
Tú avanzas dos casillas.
Du rückst zwei Felder vor.

INTRODUCCIÓN

1 Descubrir

a *Escucha y escribe los números.* ▪ *Höre dir die Zahlen an und schreibe sie in die Klammern.*

veinte (_____) veintitrés (______) treinta y dos (_____) cuarenta (______)

cincuenta (______) sesenta (______)

ochenta (______) cien (100)

b *Wie bist du zu dem Ergebnis gekommen? Diskutiere es in der Klasse.*

PRACTICAR

Die Zahlen ab 21 werden im Spanischen „der Reihe nach, von links nach rechts" gelesen.

2 Dictado de números ▪ Zahlendiktat

Escucha y escribe los números en tu cuaderno. ▪ *Höre dir die Zahlen an und schreibe sie in dein Heft.*

3 La familia de Toño. ¿Cuántos años tienen?

¡cero = 0
cien = 100!

Escucha y escribe los números. ▪ *Höre dir den Text an und schreibe das Alter der Familienmitglieder mit Zahlen in die Klammern.*

Hola, soy yo, Toño. Tengo **doce** (12) años. Ya también conoces[1] a mi familia: mi hermano mayor, Álvaro, tiene **diecisiete** (______) años. Mi hermana mayor, Lupe, tiene **catorce** (______) años y mi hermana pequeña, Clara, tiene **cinco** (______) años. Mi madre tiene **treinta y nueve** (______) años y mi padre tiene **cuarenta y tres** (______) años. Los padres de mi madre ya son bastante viejos: mi abuela Luz tiene **setenta y ocho** (______) años y mi abuelo Luis tiene **ochenta y tres** (______) años. Los padres de mi padre viven en Ecuador. La madre de mi padre tiene **sesenta y nueve** (______) años y el padre de mi padre tiene **setenta** (______) años. Hablamos siempre por teléfono. Su número de teléfono es muy largo: **cero – cero – cinco – noventa y tres – dos – cuarenta y dos – veintitrés – sesenta y tres – setenta y nueve** (____).
Aquí están también mis tíos: Los hermanos de mi madre. Mi tía María tiene **cuarenta y cinco** (_____) años y mi tío Carlos tiene **veintiséis** (______) años. Mi tía María tiene dos hijos: Mi primo Oscar tiene **trece** (______) años y mi prima Laura tiene **tres** (______) años. Todavía es muy pequeña.

1 conocer = kennen

4 Los números 20 – 100

Escribe los números en palabras. ▪ *Schreibe die Zahlen in Worten.*

26 ____________ 23 ____________

93 ____________ 67 ____________

39 ____________ 78 ____________

52 ____________ 45 ____________

74 ____________ 81 ____________

5 El dictado de números ▪ Zahlendiktat Minitándem

Trabaja con tu compañero/-a. ▪
Du bist ***Alumno/-a A****. Dein/e Partner/in,* ***Alumno/-a B****, verwendet den unteren Teil. Decke den Abschnitt deines/-r Mitschülers/-in zu und schreibe die Zahlen deines Abschnitts in Worten neben die Ziffer. Diktiere sie dann deinem/-r Mitschüler/in. Er / sie schreibt sie in Worten und als Zahl auf.*

Alumno/-a A

Tus números:	El dictado:
20 *veinte*	____________ ( )
34 ____________	____________ ( )
81 ____________	____________ ( )
97 ____________	____________ ( )
72 ____________	____________ ( )
48 ____________	____________ ( )
65 ____________	____________ ( )

Alumno/-a B

Tus números:	El dictado:
30 *treinta*	____________ ( )
49 ____________	____________ ( )
22 ____________	____________ ( )
77 ____________	____________ ( )
86 ____________	____________ ( )
45 ____________	____________ ( )
53 ____________	____________ ( )

6 Jugamos al bingo

Schneide deine Bingokarte auf S. III aus und ergänze sie mit ausgesuchten Zahlen von 0 bis 100. Tausche die Karte mit einem/-r Mitschüler/in aus. Zum Spielen brauchst du Knöpfe. Ein/e Schüler/in wird euch dann verschiedene Zahlen von 0 bis 100 aufsagen. Wenn du diese Zahl auf deiner Karte findest, setze einen Knopf darauf. Wer als Erste/r eine horizontale oder vertikale Reihe hat, hat gewonnen.

7 **¿Cuánto vale el perro? ▪ Wie viel kostet der Hund?**

Lee y completa. ▪ Lies die Rechenaufgaben und finde heraus, für welche Zahlen die Tiere stehen.

Ejemplo: Tres perros más un hámster más una tortuga igual cincuenta y nueve.

El perro ________. El hámster ________. El gato ________. La tortuga ________. El periquito ________.

8 **Para tus amigos**

Stelle selbst ein Zahlenrätsel wie in Übung 7 für deine Mitschüler her.

¿CÓMO SE DICE EN ESPAÑOL?

PRACTICAR

9 Pinta tu monstruo ▪ Male dein Monster

a *Pinta **tu monstruo A**.* ▪ *Male die Felder deines Monsters **A** aus. Benutze unterschiedliche Farben für die verschiedenen Felder.*

Los colores:

negro | rojo
blanco | verde
amarillo | marrón
azul | gris

A. TU MONSTRUO

B. EL MONSTRUO DE TU AMIGO/-A

b ***El monstruo de tu amigo/-a***
*Frage deine/n Mitschüler/in, welche Farben er / sie für die verschiedenen Felder verwendet hat und male das Monster **B** entsprechend aus. Vergleicht eure Monster. Sind sie sich ähnlich?*

¿De qué color es tu número 15?

Mi número 15 es …

ENCUENTROS, Cuaderno de Actividades 1A

¿SUSANNE QUÉ?

INTRODUCCIÓN

1 El abecedario ■ Das Alphabet

Mira el nombre de las letras, escucha la canción y aprende el abecedario. ■ *Schau dir den Namen der Buchstaben an, höre dir das Lied an und lerne das Alphabet auswendig.*

PRACTICAR

2 ¿Qué palabra es?

Escucha y escribe las palabras. ■ *Höre zu und schreibe die Wörter auf.*

1. ______________________ 6. ______________________

2. ______________________ 7. ______________________

3. ______________________ 8. ______________________

4. ______________________ 9. ______________________

5. ______________________ 10. ______________________

3 Ésta es la casa de Inma y Toño.

Suche dir ein spanisches Wort aus. Dein/e Mitschüler/in muss die Buchstaben erraten und das Wort finden. Bei jedem falsch geratenen Buchstaben male auf einem Blatt Papier einen Strich in der Reihenfolge, die die Illustration zeigt. Ist das Haus fertig, hat dein/e Mitspieler/in verloren!

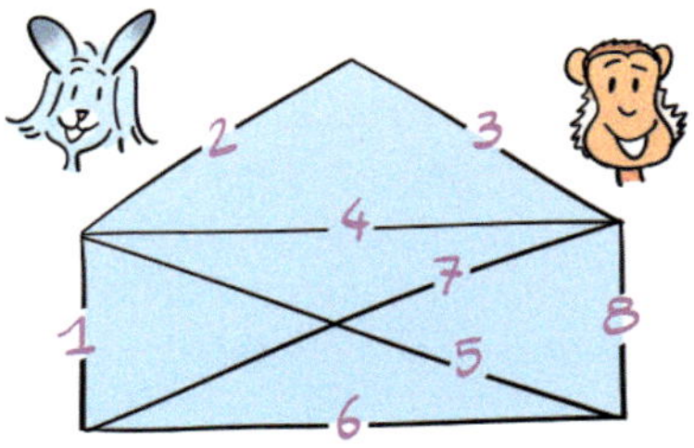

4 Una carta secreta

Inma hat mit ihrem Computer einen Zahlencode erstellt. Erstellt für eure Mitschüler/innen Rätsel mit Hilfe ihres Zahlencodes.

A	B	C	CH	D	E	F	G	H	I
21	22	23	24	25	26	27	28	29	30
J	K	L	LL	M	N	Ñ	O	P	Q
31	32	33	34	35	36	37	38	39	40
R	S	T	U	V	W	X	Y	Z	
41	42	43	44	45	46	47	48	49	

Ejemplo Inma: **Hola amigos, ya habláis bastante bien: 26–42–39–21–37–38–33**

¿CÓMO SE DICE EN ESPAÑOL?

Los deportes ▪ Die Sportarten

Yo juego al fútbol. ____________

Tú juegas al tenis. ____________

Él juega al baloncesto. ____________

Nosotros jugamos al voleibol. ____________

Vosotros jugáis al tenis de mesa. ____________

Ellos juegan al balonmano. ____________

¿Quién juega a un videojuego? ____________

5 ¿Cómo se dice en alemán?
Escribe los deportes en alemán. ▪ *Schreibe den passenden deutschen Begriff neben jede Sportart.*

6 ¿A qué deporte juegan?
Escucha y ordena los dibujos. ▪ *Höre zu und ordne die Situationen dem passenden Bild zu.*

Yo juego al balonmano y ella juega al …

7 ¿Y vosotros a qué jugáis?
Habla con tus compañeros/-as. ▪ *Bildet Dreiergruppen. Erzählt, welche Sportarten von „¿Cómo se dice en español?“ ihr spielt oder nicht spielt. Eine/r von euch berichtet der Klasse.*

8 Poder y jugar
Ve a la página 96 y completa el cuadro 9.

9 Mi bolso de los verbos
Completa tu «bolso de los verbos» con poder y jugar y juega otra vez.

10 Una carta para Toño

Completa la carta. ▪ *Toños Eltern sind verreist und haben ihm einen Brief geschrieben. Toño hat Tee auf dem Brief verschüttet und kann nicht alles lesen. Hilf ihm! Vervollständige den Text.*

Querido Toño,

Mira, el lunes no ________________ (poder-tú) salir con tus amigos, tienes clase por la tarde. El martes tus hermanos y tú ________________ (poder) ir al cine. Pero… ¡después de los deberes! El miércoles tus hermanos ________________ (jugar) al fútbol pero tú no ________________ (jugar). Tienes clases de alemán a las seis. Y, por favor, ¿________________ (poder) Lupe y tú hacer la compra el jueves? Nosotros no ________________ (poder). Nosotros volvemos[1] el sábado por la noche, a las once y media. Y el domingo ________________ (jugar) todos juntos, ¿vale?

mamá y papá

1 volver: zurückkommen

11 Los días de la semana

Escribe los días de la semana. ▪ *Was passt zusammen? Schreibe die Wochentage. Welcher Wochentag fehlt?*

ba | co | do | jue | min | lu | miér | les | nes | vier

sá | nes | ves | go | do

Lösung: ________________

12 La semana de Anne

¿Cómo es la semana de Anne? Escucha el texto y escribe en tu cuaderno. ▪ *Höre zu und beschreibe Annes Woche in deinem Heft.*

Los lunes Anne juega al fútbol …

jugar	poder ver la tele
poder escuchar cds	salir con amigos
estar con la familia	clase de alemán
leer cómics	hablar por teléfono

13 ¿Y tú?

Escribe frases. ▪ *Was machst du an einem konkreten Wochentag, z. B. am Montag? Was machst du regelmäßig an einem bestimmten Wochentag, z. B. mittwochs? Schreibe jeweils zwei Sätze.*

____

____

____

____

14 El hermano de Anne

Pon los acentos. ▪ *Höre dir den Text aufmerksam an und ergänze die fehlenden Akzente.*

¿Y mi hermano? Si, el tambien hace muchas cosas. Su vida no es facil. Mira: el lunes ve la television desde las dos hasta las nueve. El martes tiene clase de aleman. El miercoles juega al futbol toda la tarde. El jueves juega al baloncesto y despues sale con amigos. Sus amigos son muy simpaticos. Ellos escuchan musica, escriben mensajes con el movil, y charlan mucho. El sabado siempre tiene una fiesta. ¿Y que hace el domingo? El domingo juega a videojuegos todo el día. ¡Su vida es muy dificil!

15 ¿De cuándo?

Mira las fotos y los años. Adivina de cuándo es cada cosa. ▪ *Schau dir die Fotos und die Jahreszahlen an: Schätze, aus welchem Jahr die Gegenstände stammen. Bespreche es in der Klasse!*

1456 1946 1886 1170 2002 1783 1962

el coche

el caballero

el cohete

(Lösungen Seite 113)

el ordenador

el libro
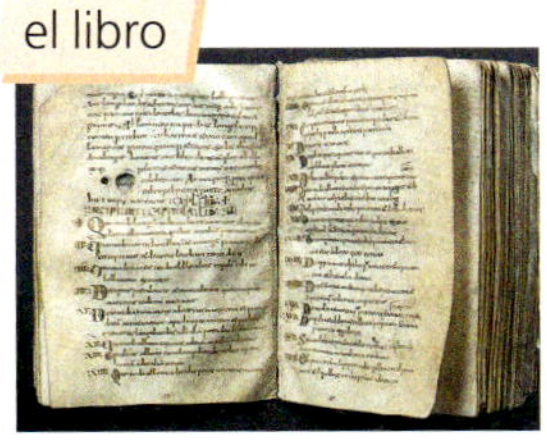

el euro

el globo

16 Un amigo nuevo

Hoy llega un chico de España a tu clase. Tú quieres hablar con él. Haz el diálogo.

Du grüßt, sagst deinen Namen und fragst, wie er heißt. →

Er antwortet und fragt, wie dein Name geschrieben wird. ←

Du buchstabierst deinen Namen und fragst, wo er in Spanien wohnt. →

Er antwortet und fragt, wie alt du bist. ←

Du antwortest und fragst, wie er die Schule findet. →

Er findet deine Schule toll und fragt, ob es Ausflüge gibt. ←

Du bejahst es und sagst, dass es am Freitagvormittag einen Ausflug ins Theater gibt. →

Er findet es fabelhaft und fragt dich, welche Sportart du treibst. ←

Du antwortest und fragst ihn, ob er das auch spielt. →

Er bejaht und fragt dich, ob ihr am Samstag zusammen spielt. ←

Du bejahst und verabschiedest dich.

¡QUÉ ROLLO!

INTRODUCCIÓN

1 ¿Qué hora es?

Escucha.

1	2	3	4	5	6	7
Es la una.	Son las dos.	Son las cuatro y cuarto.	Son las cinco y veinte.	Son las seis y media.	Son las ocho menos cuarto.	Son las once menos diez.

PRACTICAR

2 La hora ▪ Die Uhrzeit

Completa la hora y/o el texto. ▪ Zeichne die Uhrzeiten ein oder vervollständige den Text.

1 Son las tres. ______

2 ______ ______

3 Son las dos y cuarto.

4 ______ ______

5 Son las siete menos cinco.

6 ______ ______

7 Son las doce menos cuarto.

3 ¿Es la una o son las dos?

a *Escucha, ordena y encuentra la palabra. ▪ Höre zu, ordne die Uhrzeiten und finde das Lösungswort.*

10:50	19:55	01:15	17:45	15:30	13:25	09:20
j	e	e	l	l	r	o

☐☐ ☐☐☐☐☐

b *Was heißt das Lösungswort auf Deutsch? Schau auf die Vokabelliste auf Seite 118 und finde es heraus.*

c Tu reloj español

Ve a la página III y haz tu reloj español. ▪ Gehe auf Seite III und bastle dir deine „spanische" Uhr. Stelle eine Uhrzeit ein und frage deine/n Mitschüler/in, wie spät es auf deiner Uhr ist. Er / Sie antwortet. Anschließend tauscht ihr die Rollen.

4 **El día de Anne en Alemania**

Escucha.

1. Anne se levanta a las seis y media y se ducha.

2. Desayuna a las siete y a las siete y veinticinco sale de casa.

3. Desde las ocho hasta la una está en la escuela.

4. Después de la escuela va a casa de su abuela para comer.

5. A las seis y media cena con su familia.

6. Anne se va a la cama a las ocho de la noche.

PRACTICAR

5 **El día de Anne en España**

a *Mira los dibujos y completa el texto.* ▪ *Schau dir die Bilder an und vervollständige den Text.*

1. Anne se levanta a las ocho y se … ______ (8.00)
2. ______ (9.00)
3. ______ (9:30–13:00)
4. ______ (13:00–15:30)
5. ______ (15:30–17:30)
6. ______ (18.00–20.30)
7. ______ (21:00)
8. ______ (22:00)

b *Escucha el texto y compara.* ▪ *Höre zu und vergleiche den Text mit deinen Sätzen.*

DESCUBRIR

¡Yo los domingos ______________ levanto a las diez y no ______________ ducho!

Gehe im Buch auf die Seiten 43–45. Wenn du fertig bist, komm zurück!

6 ¡Yo me levanto tarde!
Ve a la página 4, mira las formas del verbo «llamarse» y completa el texto.

En España Anne ______________ levanta a las ocho y ______________ ducha.
Tú ______________ levantas a las ______________
y ______________ duchas a las ______________.

PRACTICAR

7 Los verbos reflexivos ■ Die reflexiven Verben
Ve a la página 97 y completa la tabla 10.

8 El día de Toño
Completa el texto. ■ Vervollständige den Text.

Hola amigos, yo ______________________ (levantarse) a las 7:30. Después ______________________ (ducharse) y ______________________ (desayunar). Mis hermanos ______________________ (levantarse) tarde. A las 8:30 mis hermanos y yo ______________________ (irse) a la escuela. Allí yo ______________________ (quedarse) hasta las 4:00 de la tarde y mi hermano ______________________ (quedarse) hasta las 4:30. Mi familia ______________________ (cenar) a las 9:00. Bueno, así es mi día.

9 ¿Y tu día?
Escribe 6 frases en tu cuaderno: ¿a qué hora te levantas?, ¿cuándo desayunas? …

10 Los verbos *ir*, *irse* y *poner*
Ve a la página 97 y completa la tabla 11.

11 Mi bolso de los verbos
Completa tu «bolso de los verbos» con levantarse, ducharse, ir, irse y poner y juega otra vez.

12 ¿Reflexivos o no reflexivos?
a *Busca las parejas. ■ Verbinde die Paare.*

weggehen | rufen, anrufen | gehen | heißen

ir | llamarse | llamar | irse

b *Dibuja en tu cuaderno. ■ Malе jetzt in deinem Heft für jedes dieser Verben (ir-irse, llamar-llamarse) ein Bild, das die Bedeutung des Verbs darstellt. Schreibe einen Satz mit jedem Verb und beschreibe jedes Bild.*

13 **La familia de Nuria: ¡Qué rollo!**
Completa el texto. ▪ *Vervollständige den Text.*

Los padres de Nuria y su hermano Roberto ______________________ (levantarse) muy temprano, pero Nuria siempre ______________________ (levantarse) tarde. Nuria y Roberto ______________________ (ducharse), ______________________ (desayunar) y ______________________ (irse) al instituto.

La madre de Nuria ______________________ (salir) de casa a las ocho.

Madre: Chicos, hoy ______________________ (volver) tarde.

Nuria: ¡Otra vez, mamá! ¿A qué hora ______________________ (volver)?

Y nosotros, ¿qué ______________________ (cenar)?

Roberto: Tranquila Nuria, yo ______________________ (poner) una pizza y tú ______________________ (poner) la mesa.

14 **Los verbos modales** ▪ **Die Modalverben**
Ve a la página 97 y completa la tabla 12.

15 **Mi bolso de los verbos**
Completa tu «bolso de los verbos» con tener que.
¡Y juega otra vez!

16 ***Quiero, puedo, tengo que***
Escribe frases como en el ejemplo.
Ejemplo: yo / querer / ver la tele / pero / tener que / hacer la compra

Yo quiero ver la tele, pero tengo que hacer la compra.

1. Vosotros / querer / jugar por la mañana / pero tener que / ir al instituto

____

2. Tú / querer / jugar al balonmano / pero no poder / tener que / estudiar español

____

3. Ellas / poder / ir a la plaza / pero no querer

____

4. Nosotros / poder / hablar español / y querer / hablar con chicos en la red

____

5. Anne / querer / salir con sus amigas / pero tener que / quedarse en casa

____

6. Yo / tener que / hacer los deberes / pero no poder

____

17 **Una chica de Honduras**

Hay una chica de Honduras en tu clase. Ella pregunta qué cosas puede, no puede, o tiene que hacer en una escuela alemana. Haz tres listas.

La chica de Honduras:

puede	***no puede***	***tiene que***
preguntar algo	hablar con el móvil	hacer los deberes

18 **¿Y tú qué quieres hacer?**

¿Qué cosas puedes / no puedes / tienes que / no quieres hacer el fin de semana[1]?
Escribe 4 frases.

1 el fin de semana: das Wochenende

19 **Hacer el ejercicio**

Tándem, página 107

20 **¿Blanco o negro?**

Busca palabras. ▪ Suche Begriffe, die das Gegenteil bedeuten.

desayunar	cenar	temprano	
empezar		divertido	
la noche		también	
por la mañana		con	

Mi página

Mi semana

¿Cómo es tu semana? ▪ *Notiere für jeden Wochentag mindestens zwei Dinge, die du vormittags und nachmittags tust.*

	lunes	martes	miércoles	jueves
por la mañana				
por la tarde				

	viernes	sábado	domingo
por la mañana			
por la tarde			

Klebe hier ein Foto auf, das dich zeigt, wie du eine deiner Aktivitäten ausübst. Wenn du kein Foto hast, kannst du auch ein Bild malen. Stelle dein Bild der Klasse vor.

¿ADÓNDE VAIS?

INTRODUCCIÓN

1 ¿Mucho o poco?
Escucha y ordena las frases. ■ Höre zu und ordne jeden Satz einem Bild zu.

1

2

3

- *¡Umm!, hay muchas tapas y poca gente.* ☐
- *Tengo mucho trabajo y poco tiempo.* ☐
- *Lee otros libros y escucha otra música.* ☐

DESCUBRIR

2 Muchas palabras nuevas
Was heißt:

mucho ______________________, poco ______________________, otro ______________________.

3 Los determinantes indefinidos ■ Die unbestimmten Begleiter
Mira las frases de 1 , ve a la página 98 y completa el cuadro 13.

PRACTICAR

4 *Mucho* o *mucha*
Completa con una forma de mucho, poco, otro. *¡Ten cuidado con los sustantivos!*

1

Tiene much_____ amigos.

2

Ve otr_____ películas.

3

Tiene much_____ suerte.

4

Hay poc_____ peces.

5

Quiere otr_____ zumo.

6

Hay poc_____ sillas.

5 No siempre con *o*

Anne charla con una chica de Granada en la red. Completa con formas de mucho, poco, otro.
¡Ten cuidado con los sustantivos!

Querida Laura

Querida Laura:

¿Qué tal en Granada? Fenomenal, ¿no? ¿Cómo es la vida en la ciudad?

¿Hay __________ gente en las calles el fin de semana? ¿Y qué tal tu instituto?

¿Hacéis __________ excursiones?

El lunes es un día fatal en mi instituto. Tengo __________ horas de clase, por la mañana y por la tarde. Escribimos todo el día y yo siempre necesito[1] __________ lápices. Pero esta semana tenemos __________ programa.

¡Es un programa muy guay! No tenemos clase todos los días:

El lunes tenemos __________ horas de clase, sólo por la mañana y el martes hay una excursión. Después tenemos __________ días de clase, ¡sólo dos! y después __________ excursión. Es una semana con __________ problemas.

Tu amiga,

Anne

1 necesitar: gebrauchen

PRACTICAR

6 ¡Otra vez! Los verbos *saber* y *poder*

Ve a la página 98 y completa el cuadro 14.

7 Mi bolso de los verbos

Juega otra vez con «tu bolso de los verbos».
¡Ten cuidado con saber *o* poder*!*

8 Los niños no saben todo.

Mira los dibujos y completa las frases. ▪ *Schau dir die Bilder an und vervollständige die Sätze.*

1

Mira, todavía no __________ leer.

2

Oye, ¿(tú) __________ jugar al fútbol bien?

3

Mira, ¡ellos __________ bailar!

4

Ah … ¡nosotros no __________ francés!

5

¡Yo no __________ jugar al tenis!

6

9 Toño y sus hermanos

¿Qué *pueden* o qué *saben hacer* Toño y sus hermanos? Completa el texto.

1. Clara sólo ____________ llamar a los abuelos en Ecuador, porque todavía no ____________ escribir cartas.
2. Toño ____________ nadar[1] muy bien, pero hoy no ____________ ir a la piscina. No tiene tiempo.
3. Álvaro ____________ jugar al fútbol muy bien. Hoy por la tarde tiene libre y ____________ jugar con sus amigos.
4. Lupe ____________ hablar inglés y ____________ charlar con muchos chicos y escribir mensajes en la red.

1 nadar: schwimmen

10 ¿Qué *sabes* y qué *puedes* hacer tú?

a *Completa el mapa con actividades que* ***puedes*** *o* ***sabes*** *hacer.*

sé: leer · ________ · ________ · ________ · ________

puedo: ir al cine · ________ · ________ · ________ · ________

b *¿Y tu compañero/-a?*
Pregunta y contesta como en el ejemplo. ▪
Verwende die Information von **a** *und frage deine/n Mitschüler/in. Tauscht anschließend die Rollen.*

Ejemplo: Yo puedo ir al cine el fin de semana. ¿Y tú?

11 **Hacer el ejercicio**
Tándem, página 108

12 **¿Por qué preguntas?**
Inma y Toño preguntan muchas cosas. Responde.

1. ¿Por qué aprendes español? Aprendo español porque …
2. ¿Por qué vas a la escuela? ______________________
3. ¿Por qué haces los deberes? ______________________
4. ¿Por qué lees libros? ______________________
5. ¿Preparas una fiesta de cumpleaños esta semana? Sí / no ¿por qué? ______________________

____

13 **Jugamos al** ***¿por qué?***
Formuliere fünf Fragen mit ¿por qué? und schreibe sie auf fünf verschiedene Karten. Beantworte deine Fragen aus deiner Sicht auf fünf weiteren Kärtchen. Spielt in Gruppen von ca. sechs Schülern. Legt alle Fragen auf einen Stapel und alle Antworten auf einen anderen. Jetzt zieht jeder Spieler jeweils eine Frage und eine Antwort von den Stapeln und liest sie vor. Sind euch witzige Frage-Antwort-Kombinationen gelungen?

14 **Toño y el vendedor de globos ▪ Toño und der Luftballonverkäufer**
Fülle den Lückentext entweder mit einem grünen oder einem braunen Luftballon.
Ein Ballon bleibt für Toño übrig. Ist er grün oder braun? Male ihn in der richtigen Farbe aus.

Toño está en la fiesta de la ciudad. Está en la plaza y busca ___ sus amigos. Mira ___ la plaza: Allí puede ver ___ una niña pequeña. La niña espera ___ su mamá. Un chico llama ___ su amiga por teléfono. Mucha gente escucha ___ música. Toño ve ___ unas cosas muy interesantes: Delante de una casa ve ___ una gata y al lado de la cafetería ve ___ una abuela con un niño. El niño tiene ___ un perro grande. Una chica bebe ___ un zumo de naranja. Pero …, ¿qué ve Toño allí? ¡Ve ___ un vendedor[1] de globos[2]! ¡Toño también quiere ___ un globo! ¿Cuál[3] globo es para él?

1 el vendedor: der Verkäufer 2 el globo: der Luftballon 3 cuál: welche/r

15 Yo sí, pero tú no

Escribe frases contrarias como en el ejemplo. ▪ *Bilde gegensätzliche Sätze wie in dem Beispiel. Es gibt mehrere Möglichkeiten.*

Ejemplo: Yo hago la compra **por la tarde**, pero tú haces la compra **por la mañana**.

	ir	deberes		tú	
	estar	amigos		él	
	saber	hablar inglés		ella	
	querer	en casa		usted	
	tener	al cine		nosotros	
yo	salir	con amigos	**pero**	nosotras	…
	hacer	en el escritorio		vosotros	
	poder	jugar		vosotras	
	poner	un libro		ellos	
	jugar	bailar		ellas	
	volver	un zumo		ustedes	

16 El juego de los verbos

¡A jugar! Ve a la página IV y juega el juego de los verbos.

17 ¿Y dónde quedamos?

Escucha y responde. ▪ Höre dir die Telefongespräche an und beantworte dann zu jedem Gespräch die folgenden Fragen:

1

1. ¿Quiénes hablan por teléfono?

___

2. ¿Qué quieren hacer más tarde[1]?

___

3. ¿Dónde quedan? y ¿cuándo?

___

2

1. ¿Quiénes hablan por teléfono?

___

2. ¿Qué quieren hacer más tarde?

___

3. ¿Dónde quedan? y ¿cuándo?

___

1 más tarde: später

18 Sí, ¡diga! Jugar un papel ▪ Eine Rolle spielen

Führt ein Telefongespräch. Eine/r spielt dabei ***Alumno/-a A****, der / die andere* ***Alumno/-a B****. Spielt eure Rollen so, wie sie auf euren Rollenkarten vorgegeben sind.*
Alumno/-a A*: Seite 101,* ***Alumno/-a B****: Seite 102.*

REPASO

1 Un día, una semana, un mes[1]

a *Was isst und trinkst du durchschnittlich am Tag, in einer Woche und in einem Monat? Schreibe die Zahlen aus.*

	día	*semana*	*mes*
1. ¿Cuántos bocadillos comes en un/a …?	______	______	______
2. ¿Cuántos litros[2] de coca-cola bebes en un/a …?	______	______	______
3. ¿Cuántos gramos[3] de queso comes en un/a …?	______	______	______
4. ¿Cuántos litros de agua bebes en un/a …?	______	______	______
5. ¿Cuántos pasteles comes en un/a …?	______	______	______

1 el mes: der Monat 2 un litro: ein Liter 3 un gramo: ein Gramm

b *¿Y tu compañero/-a?*
Preguntar y contestar como en el ejemplo. ▪ *Verwende die Information von* 1 *und frage deine/n Mitschüler/in. Anschließend tauscht ihr die Rollen.*

Ejemplo: **Yo como dos bocadillos en un día, entonces como catorce bocadillos en una semana y en un mes son sesenta bocadillos. ¿Y tú?**

2 ¿A qué hora?

Responde las preguntas y completa el reloj. ▪ *Beantworte die Fragen und zeichne die Uhrzeiten ein.*

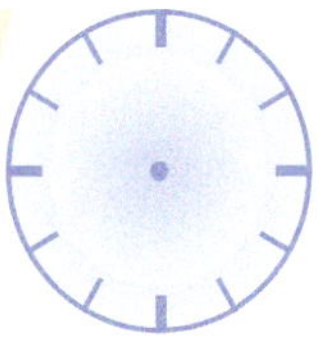

1 ¿A qué hora se levanta tu madre?

______

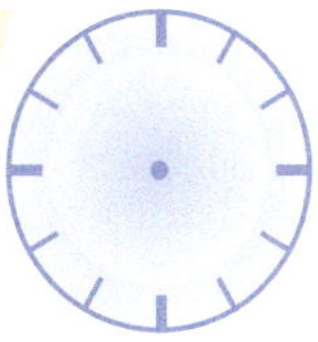

2 ¿A qué hora se levantan tus abuelos?

______

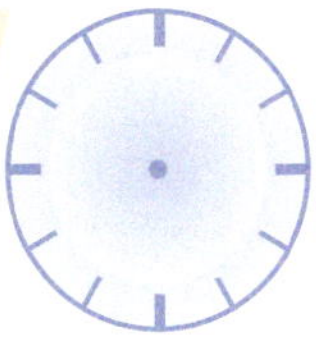

3 ¿A qué hora sales de casa?

______

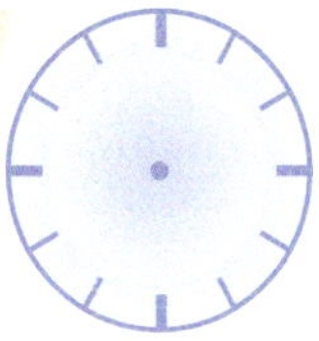

4 ¿A qué hora empiezan tus clases?

______

5 ¿A qué hora te vas a la cama?

______

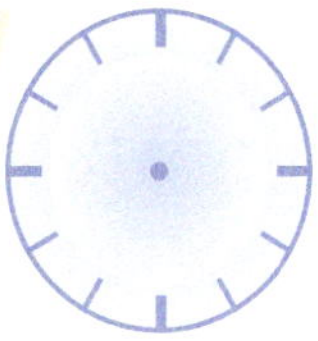

6 ¿A qué hora se van tus padres a la cama?

______

3 La escuela de tus sueños ■ Deine Traumschule

Arbeitet in Gruppen von vier Schülern / Schülerinnen. Was sollte in eurer Schule erlaubt und was sollte verboten werden? Erarbeitet eine Regelliste und besprecht sie dann in der Klasse.
Benutzt poder, querer und tener que.

Ejemplo: **En nuestra escuela podemos jugar al fútbol todo el día.**

4 Y más preguntas …

Escribe las preguntas.

1. ¿ ____ ?

   Voy a la escuela porque quiero aprender mucho.

2. ¿ ____ ?

   Me ducho por la mañana, a las 6:45.

3. ¿ ____ ?

   Mi profesor se llama Alberto Lunes Martes.

4. ¿ ____ ?

   En nuestra clase somos ____________________ alumnos.

5. ¿ ____ ?

   Las clases terminan a la 13:15.

6. ¿ ____ ?

   Aprendo español porque me intereso por la música española.

5 En español

Erkläre der Klasse wie im folgenden Beispiel die Wörter auf Spanisch.

Ejemplo:
la cafetería = En una cafetería puedes tomar algo o comer un bocadillo.
cenar = es comer algo por la noche.

la semana | el lunes | el programa | el apellido | desayunar | apuntar algo
un mes | la película | el fin de semana | la escuela de idiomas | la dirección | el día

AUTOCONTROL

1 Sopa de verbos

¿Qué verbo es?

Ejemplo: amovs: vamos

iavs	________	deepus	________	guanej	________
av	________	éosipd	________	jeuog	________
bessa	________	poeud	________	neepud	________
mgjuaso	________	vsa	________	peedu	________
épsino	________	sujeag	________	sopmedo	________
ssbaéi	________	mosopen	________	gaeuj	________
van	________	senop	________	masesbo	________
besa	________	és	________	águsji	________
gnpoo	________	peno	________	voams	________
nopen	________	naseb	________	yvo	________

2 Blanca Nieves y los siete enanos ▪ Schneewittchen und die sieben Zwerge

Completa las frases con los verbos reflexivos.

También el día de Blanca Nieves es interesante. Blanca Nieves ________ (levantarse) muy temprano, a las 5:00 de la mañana. A las 5:30 ________ (levantarse) los siete enanos. ¡Es un rollo! Los enanos desayunan y después ________ (irse) a trabajar. Blanca Nieves y los animales ________ (quedarse) en casa. Los enanos vuelven por la tarde, a las 6:00. Después cenan y los enanos preguntan: «Y hoy, ¿nosotros ________ (ducharse)?» Pero Tontín no quiere ________ (ducharse). Después Blanca Nieves pregunta: «Y vosotros, ¿cuándo ________ (irse) a la cama?» Los enanos quieren descansar y ________ (irse) a la cama enseguida[1]. Blanca Nieves no ________ (irse) a la cama todavía. Quiere leer un poco.

1 enseguida: sofort

3 *Saber* o *poder*

Completa las frases con las formas de poder o saber.

1. Toño ______________ jugar al fútbol muy bien, pero ahora no ______________ jugar.

3. El periquito ______________ hablar, pero no ______________ hablar muy bien.

2. El perro no ______________ leer el libro porque no ______________ leer.

4. La chica no ______________ jugar al tenis.

4 La calle de Luisa

Completa las frases con las formas correctas de mucho, poco, otro.

En el barrio de Luisa hay m______________ parques y m______________ marcha. También hay m______________ plazas. Cerca de la calle hay p______________ institutos, sólo uno detrás de su casa. En Lavapiés hay m______________ tiendas. También hay una piscina detrás de su casa y o______________ cerca de la estación del metro. Pero Luisa no puede ir a la piscina, porque tiene m______________ trabajo y muy p______________ tiempo libre.

Lavapiés

5 Complemento directo

Completa las frases con la preposición a si es necesario.

1. Busco ______ mi libro.
2. Veo ______ Niko, el amigo de Nina.
3. Eva espera ______ Luisa delante de la casa.
4. Cada día escucho ______ música.
5. Tengo que llamar ______ mi amigo Carlos.
6. ¿Tienes ______ muchos amigos?
7. Tengo ______ dos hermanos.

Die Lösungen findest du auf Seite 111–112.

INTRODUCCIÓN

1 **¿Qué te gusta? ▪ Was gefällt dir?**

a *Escucha, lee y ordena los dibujos. ▪ Höre zu und lies die Sätze. Wem gefällt was? Ordne Toño und Inma die Gegenstände mit einem Pfeil zu.*

b *Discute en clase. ▪ Schaue dir die Formen des Verbs gustar in* a *an. Warum heißt es manchmal „me gust**a**" und manchmal „me gust**an**"?*

c *¡No me gusta! ▪ Mir gefällt es nicht!*
Mira las cosas en a *y pregunta a tu compañero/-a:*
¿A ti qué (no) te gusta?
Tu compañero/-a contesta. Después él / ella pregunta y tú contestas.

¿A ti qué (no) te gusta?
A mí me gusta el queso.

PRACTICAR

2 **Mi habitación es muy bonita.**
Completa con me gusta o me gustan.

A mí ____________ mi habitación: ____________ mis cds y ____________ mi cadena de música. ____________ mis pósters y ____________ mi cama, pero no ____________ mi armario, ¡es muy grande! ____________ mi sillón y ____________ mis lámparas, tengo dos: una pequeña y una grande. ____________ mucho mis libros, pero … ¡no ____________ los deberes!

3 Me gustan muchas cosas. ▪ Mir gefallen viele Dinge.

Escucha y completa el cuadro. ▪ Höre zu und ordne die verschiedenen Dinge nach Singular und Plural in die Tabelle ein.

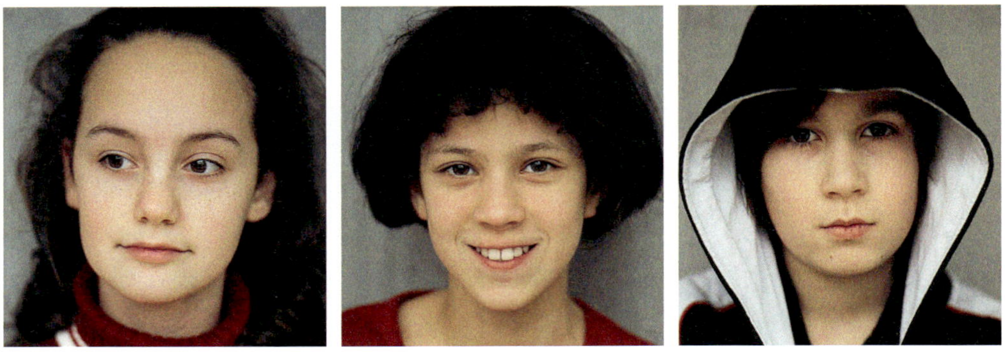

me gusta …	mi perro Carli		
me gustan …			

4 ¿Qué te gusta a ti?

a *Escribe cosas que te gustan (++) y cosas que no te gustan (– –).*

++ ______________________________

– – ______________________________

b *Mira las cosas en* **a** *y pregunta a tu compañero/-a:*
¿A ti te gusta(n) …?
Tu compañero/-a contesta: **Sí / No, a mí (no) me gusta/n.** *Después él / ella pregunta y tú contestas.*

5 ¡A mí no me gusta el queso!

Bildet Dreiergruppen. Schreibt den Namen verschiedener Gegenstände in Spanisch auf kleine Zettel und packt sie in einen Beutel.
A *zieht einen Zettel und sagt, ob ihm / ihr diese Sache gefällt oder nicht und fragt* ***B****, ob sie ihm / ihr gefällt.*
B *antwortet, zieht einen Zettel und fragt* ***C*** *usw.*
Z. B. ***A*** *zieht einen Zettel mit dem Wort „Queso" und sagt:*
„**A mí (no) me gusta el queso**"
und fragt ***B****:* „**¿Y a ti? ¿A ti te gusta el queso?**".

Gehe im Buch auf die Seiten 52–53.
Wenn du fertig bist, komm zurück!

A TOPE

INTRODUCCIÓN

1 ¿Qué están haciendo los alumnos?

Escucha, lee el texto y completa con los nombres. ▪ *Höre zu, lies den Text und trage die Namen der Personen in die Lücken ein.*

¿Qué está pasando en clase? ¡Es un rollo! Los alumnos están haciendo muchas cosas:
Dos chicos están escuchando música a tope, un chico está leyendo un libro, una chica está escribiendo un mensaje con su móvil, otro está bebiendo una coca cola. ¡Qué rollo en la clase!
Un chico y una chica están bailando encima de la mesa y otros alumnos están charlando.
Un chico está comiendo un bocadillo y un chico está saliendo por la ventana.
¿Y dónde está el profesor? No está en la clase porque todavía está buscando el aula.

1. ______________________ están escuchando música.
2. ______________________ está leyendo un libro.
3. ______________________ está escribiendo un mensaje.
4. ______________________ está bebiendo una coca cola.
5. ______________________ están bailando encima de la mesa.
6. ______________________ están charlando.
7. ______________________ está comiendo un bocadillo.
8. ______________________ está saliendo por la ventana.
9. ______________________ está buscando el aula.

DESCUBRIR

2 El gerundio ▪ **Das *gerundio***

Busca todos los verbos en gerundio en el texto y completa el cuadro 15 en la página 98. ▪ *Suche alle gerundio-Formen im Text und fülle die Tabelle 15 auf S. 98 aus. Wenn es dir hilft, kannst du die Verben in der vorherigen Übung zunächst farbig unterstreichen.*

ENCUENTROS, Cuaderno de Actividades 1A

PRACTICAR

3 ¿Qué están haciendo?

a *Mira los dibujos y escribe frases en gerundio.*

1

2

3

4

5

6

b *¿Y vosotros? ¿Qué estáis haciendo en la clase ahora? Escribe 3 frases.*

4 ¿Qué hace? ¿Qué está haciendo?

Escucha y escribe las frases en gerundio en tu cuaderno.

5 Estamos jugando

*Bildet in der Klasse zwei Teams. Eine oder mehrere Personen von Team **A** spielen eine Tätigkeit vor der Klasse vor, die Team **B** erraten muss. Danach wechseln die Teams. Achtet auf die korrekte Bildung des gerundio!*

PRACTICAR

6 La granja loca ■ Der verrückte Bauernhof

¿Qué están haciendo los animales en la granja loca? Escribe un pequeño texto en tu cuaderno.

1 MEMORIA DE LA CLASE

	la mesa		el libro
el cuaderno		....	
	el ordenador		la ventana
el lápiz	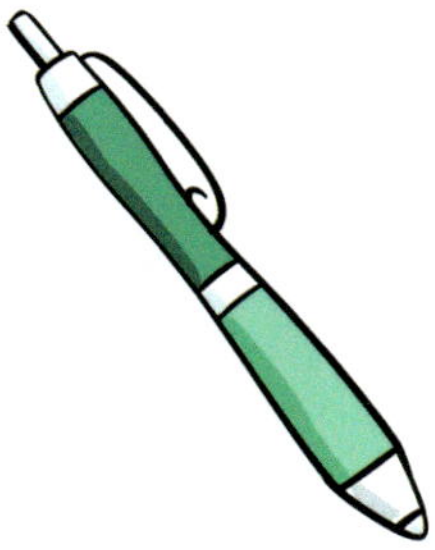	la puerta	
	....		el bolígrafo
la silla		la pizarra	

ENCUENTROS, Cuaderno de Actividades 1A

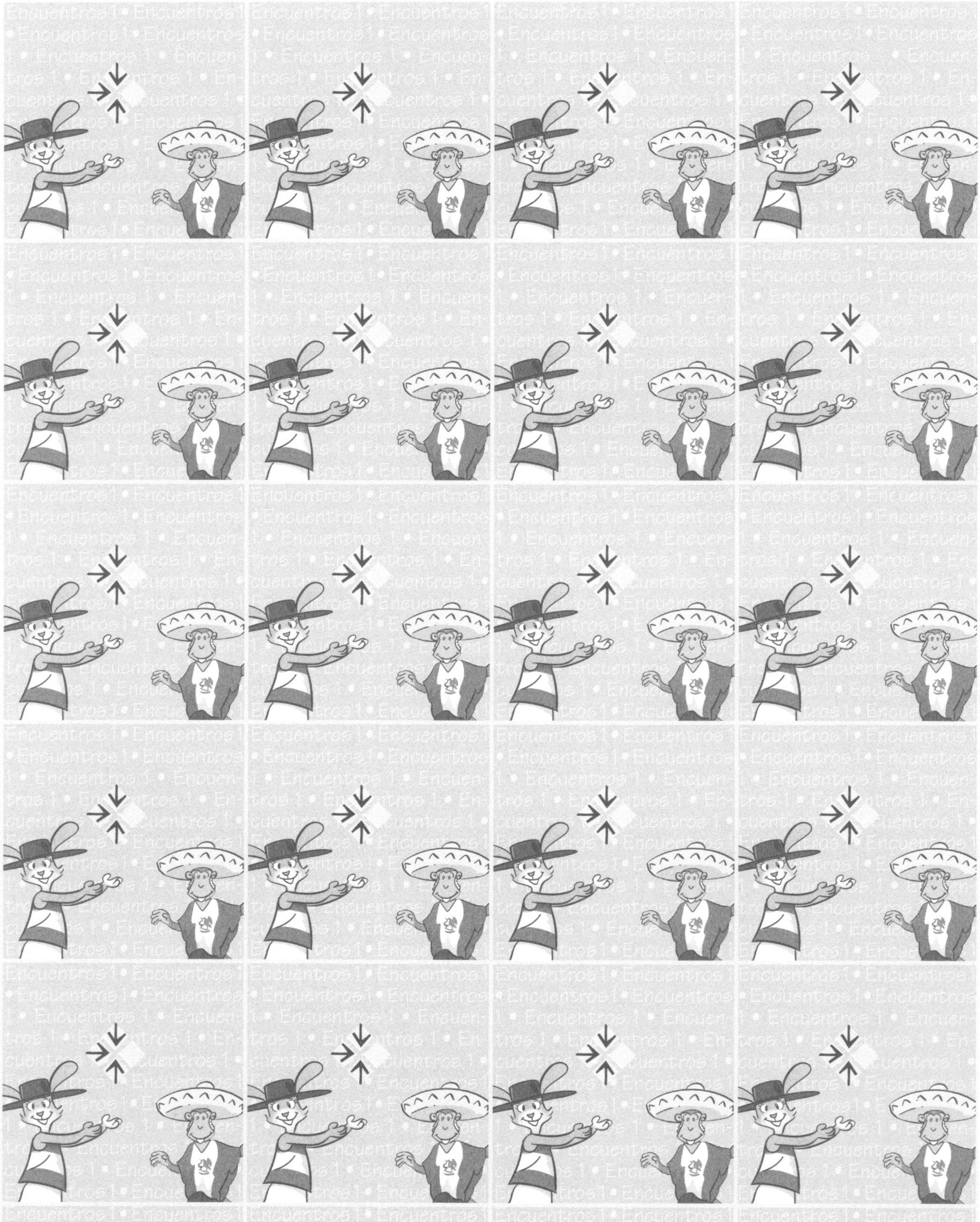

2 ¿DÓNDE ESTÁ EL PERIQUITO TITO?

3 JUGAMOS AL BINGO

			33		

3c TU RELOJ ESPAÑOL

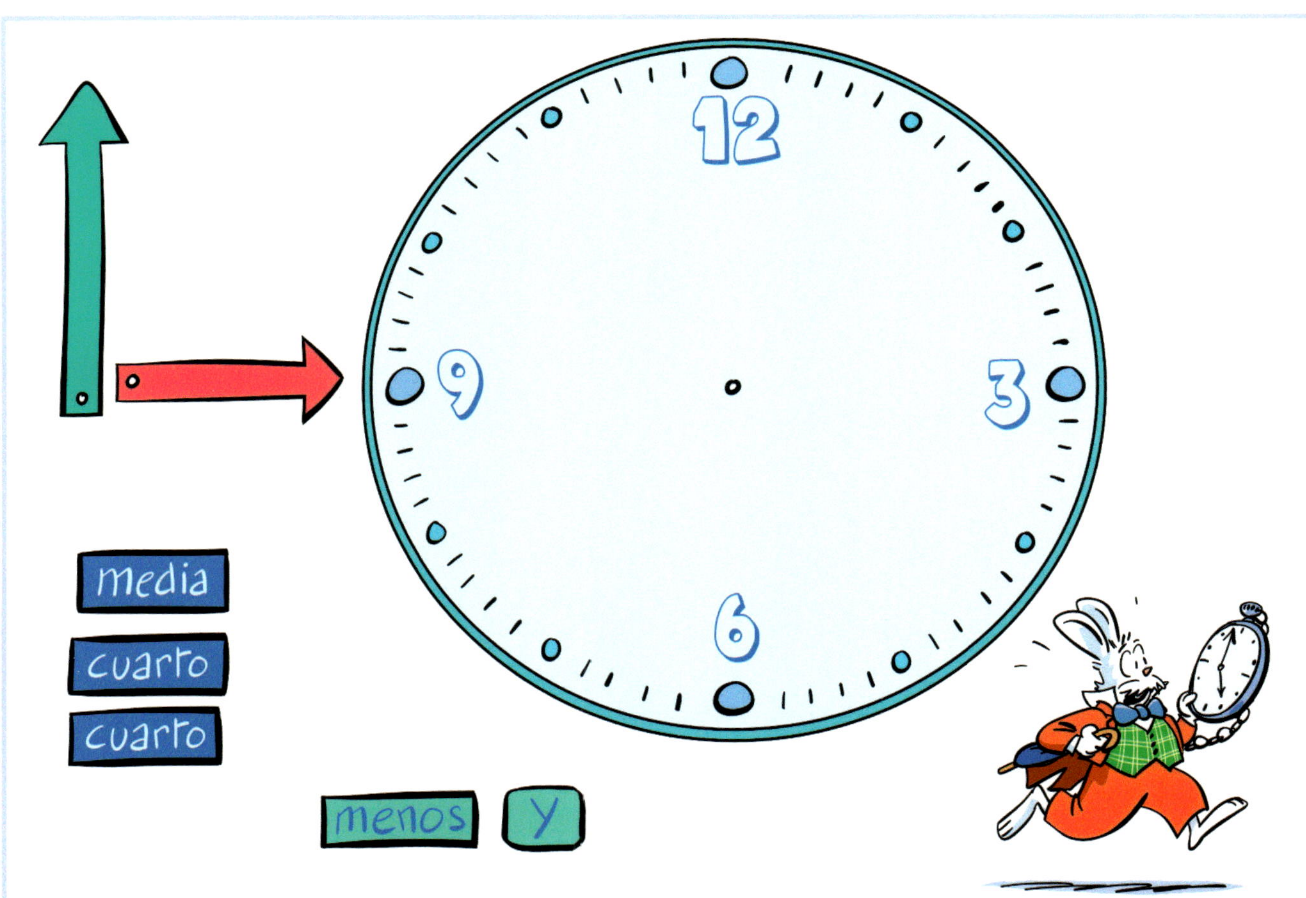

ENCUENTROS, Cuaderno de Actividades 1A

4 EL JUEGO DE LOS VERBOS

1 vivir
2 poder
3 preguntar
4 escribir
5 llegar
6 trabajar
7 desayunar
8 mirar
9 aprender
10 volver
11 ducharse
12 estudiar
13 poner
14 hacer
15 terminar
16 jugar
17 buscar
18 interesarse
19 hablar
20 saber
21 llamar
22 entender
23 bailar
24 mandar
25 ser
26 tomar
27 comer
28 llamarse
29 ver
30 llevar (+ tiempo)
31 comprender
32 tener
33 esperar
34 apuntar
35 pasar
36 escuchar
37 ponerse (al teléfono)
38 estar
39 quedar
40 charlar
41 leer
42 quedarse
43 empezar
44 irse
45 beber
46 salir
47 descansar
48 levantarse
49 preparar
50 cenar
51 querer
52 ir

SPIELREGELN:

Ihr könnt dieses Spiel zu zweit, zu dritt oder zu viert spielen.
Zum Spielen braucht ihr einen Würfel und zwei Spielsteine (oder Knöpfe) pro Spieler/in.

1. Jede/r Spieler/in hat zwei Figuren. Beide müssen ins Ziel kommen.
2. Es wird niemand aus dem Spiel herausgeworfen! So kann es passieren, dass zwei und mehr Figuren auf dem gleichen Feld stehen.
3. Deine Figuren bewegst du auf dem Spielfeld nach der Zahl auf dem Würfel. Du darfst deine Figur nur dann nach der Zahl bewegen, wenn du vorher die richtige Verbform des Verbs deines Ausgangsfeldes gebildet hast:
   Z. B. *Du stehst auf dem Feld „tener" und würfelst eine 2. Dann darfst du deine Figur um zwei Felder nach vorne bewegen, nachdem du die Form tienes richtig gebildet hast.*
   Hast du die Verbform nicht richtig gebildet, darfst du deine Figur nicht weiter bewegen!
4. Wenn du auf einem leeren Feld landest, kannst du das nächste Mal vorrücken, ohne zu konjugieren!
5. Sind deine beiden Figuren ins Ziel gekommen, hast du gewonnen!

yo — tú — él / ella — nosotros / nosotras — vosotros / vosotras — ellos / ellas

ENCUENTROS, Cuaderno de Actividades 1A

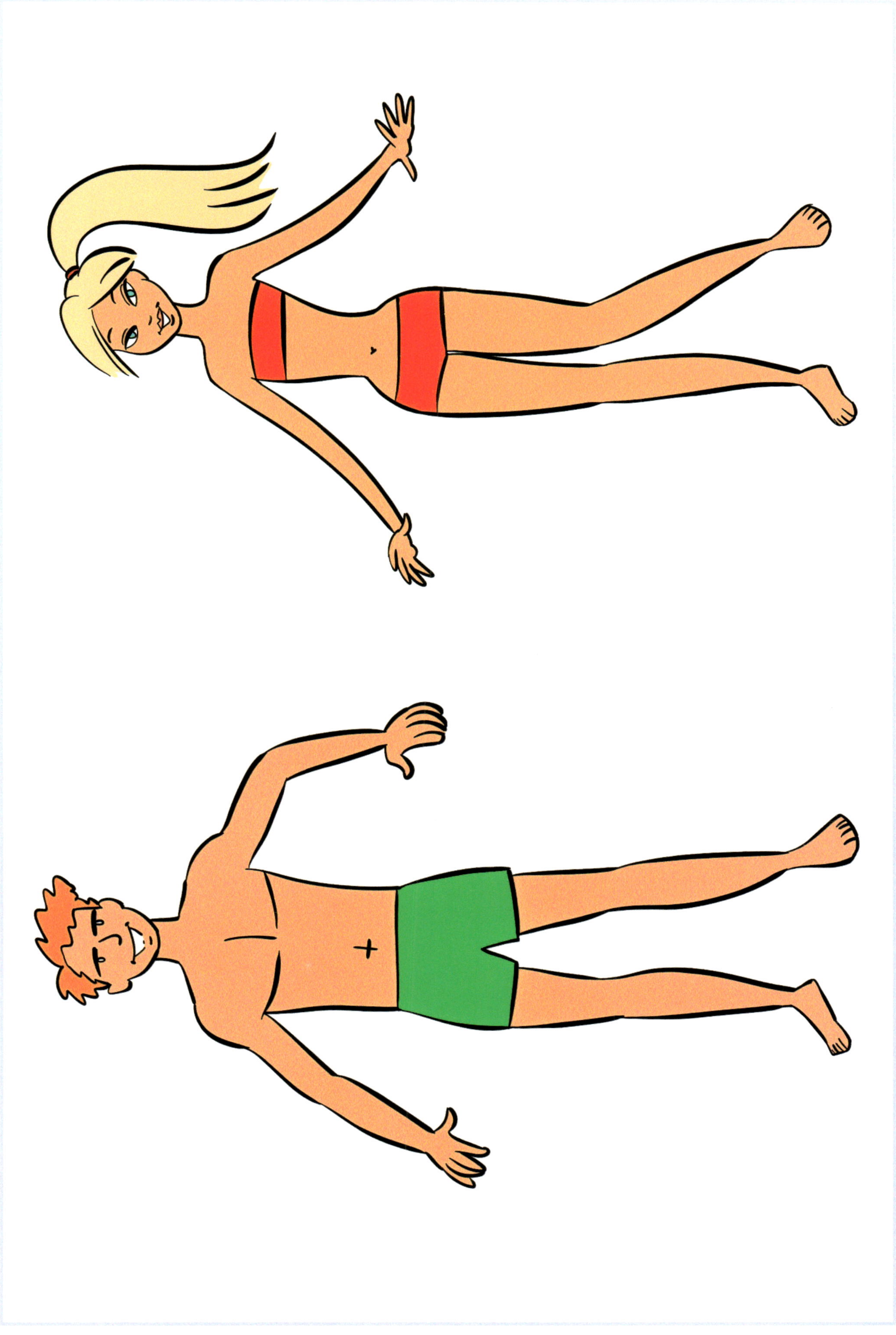

6 EL BUEN GUSTO

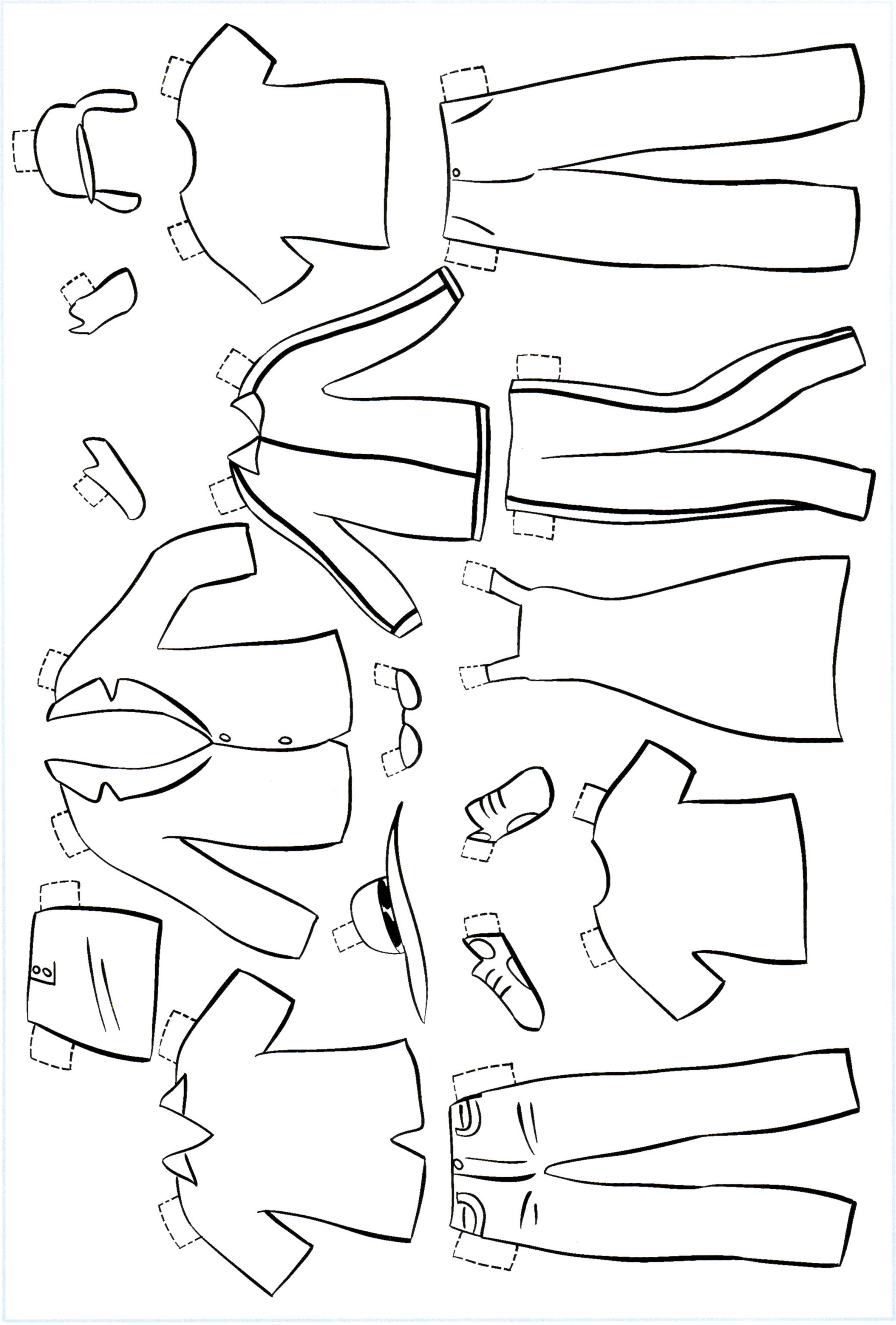

7 MI MALETA

ENCUENTROS, Cuaderno de Actividades 1A

8 MI MALETA

el traje de baño
el traje de baño
el traje de baño
el traje de baño
el bolso de viaje
el bolso de viaje
Clásica
JAZZ
SALSA
el paraguas
el paraguas

7 **Mi bolso de los verbos**

Um das gerundio noch besser zu üben, nimm deinen „bolso de los verbos", ziehe ein Verb und bilde einen Satz mit dem gerundio.

8 **¿Te gusta la música?**

a *Completa con palabras sobre **la música**. ▪ Vervollständige das Wörternetz. Alle Wörter haben etwas mit Musik zu tun.*

b *Escribe frases con las palabras de **a** en tu cuaderno.*
Ejemplo: **La música me gusta mucho.**

9 **El juego de los verbos**

Nehmt das Spielbrett der Kartonseite IV und spielt nach den Spielregeln, wobei ihr diesmal Sätze mit dem gerundio bilden müsst! Die Gruppenmitglieder kontrollieren die richtige Form mit Hilfe des Buches, Seiten 149–152.

10 **A la gente le gustan muchas cosas.**

Completa con los pronombres de complemento indirecto: me, te, le, nos, os, les y una forma del verbo gustar.

1. A Ramón le gusta ________ leer un libro.
2. A Roberto y a Rándal ________________ mucho la música moderna y a Nuria ________________ mucho la música de los Jarabe.
3. Anne: A mí ________________ España y ________________ las canciones españolas. ¿Y qué ________________ a vosotros?
4. A nosotros ________________ las películas, sobre todo las comedias. ¡Son muy divertidas!
5. A Luisa ________________ mucho la música de Andy & Lucas.
6. A los padres de Roberto ________________ los domingos tranquilos.
7. ¿Qué ________________ a ti?

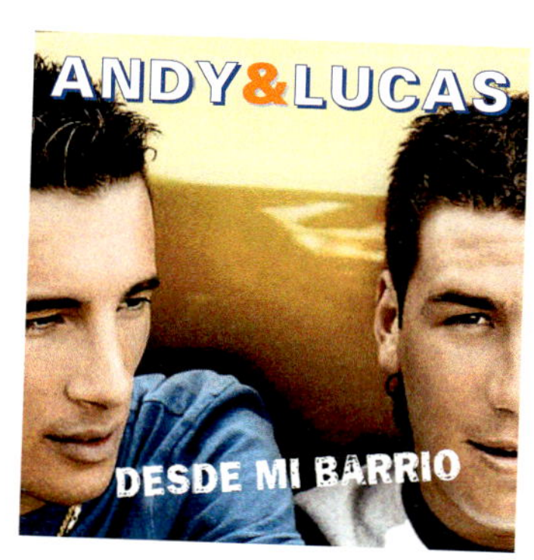

11 **El pronombre de complemento indirecto ▪ Das indirekte Objektpronomen**

Ve a la página 99 y completa el cuadro 16.

ENCUENTROS, Cuaderno de Actividades 1A

12 ¿Qué le parece?

a *Escribe preguntas con el verbo parecer como en el ejemplo. ¡Cuidado con los adjetivos!*

Ejemplo: Inma / conejos / bonitos –
¿A Inma le parecen bonitos los conejos?

1. Rándal y Roberto / escuchar música a tope / muy divertido

____

2. Nuria / los deberes / bastante difícil

____

3. El padre de Roberto / música clásica / bien

____

4. Roberto / comer pizza / guay

____

5. Susanne / los españoles / simpático

____

6. La madre de Roberto / trabajar con el ordenador / interesante

____

7. Esteban / jugar al tenis / aburrido

____

8. A ti / el tema de la canción / fuerte

____

b *Contesta las preguntas de* **a** *.*
Utiliza: encantar, parecer o gustar (mucho / bastante / poco) o no gustar (nada).

Ejemplo: ¿A Inma le parecen bonitos los conejos? –
Sí, le encantan.

1. ______________________________
2. ______________________________
3. ______________________________
4. ______________________________
5. ______________________________
6. ______________________________
7. ______________________________
8. ______________________________

13 **¡Me encanta España!**
Rándal les escribe una carta a sus padres en Chile y habla de España. Escribe la carta en tu cuaderno. Utiliza: gustar, encantar, parecer (interesante, aburrido, bonito, …).

14 **Los verbos *gustar, encantar, parecer***
Ve a la página 99 y completa el cuadro 17. ¿Te parece bien?

15 **Los verbos en el mar**
Busca los verbos en el mar, escribe las formas en el cuadro 18 de la página 99 y completa con las otras formas.

16 **Mi bolso de los verbos**
Completa tu «bolso de los verbos» con: gustar, encantar, parecer *y* pensar.

17 **¡Esto es demasiado!**
¿Qué dices en estas situaciones? ▪ *Was sagst du in diesen Situationen? Es gibt mehrere Möglichkeiten.*

Utiliza:

estar harto/-a | pasarse | ser demasiado | pensar en los otros | ¡Tranquilo! | parecer a alg.

1. Tu hermano mayor está escuchando la música a tope y tú quieres leer.

____

2. Tus padres: Oye, ¡estudia más y más!

____

3. Tu amigo tiene un examen mañana y está nervioso[1].

____

4. Tu hermana escucha su cd favorito a tope y tu abuela quiere descansar.

____

5. Quieres saber qué piensa tu amiga de la nueva compañera en la escuela.

____

1 nervioso/-a: nervös

ENCUENTROS, Cuaderno de Actividades 1A

MODA Y MARCAS

INTRODUCCIÓN

1 El centro comercial ▪ Das Einkaufszentrum

Escucha y lee el texto.

Anne, Luisa, Esteban y otros amigos están en un centro comercial en Madrid. Miran en las tiendas, compran cosas y se divierten mucho. Todos llevan ropa moderna de muchos colores: Anne lleva un vestido rojo con zapatos rojos sencillos y unas gafas de sol blancas. ¡Las gafas son muy grandes! Su amiga Luisa lleva una falda marrón y una camiseta blanca y naranja. Esteban lleva unos vaqueros azules, un jersey verde, también una gorra verde y zapatillas de deporte negras. Miguel lleva una camisa amarilla, pantalones marrón y un sombrero amarillo. ¡La ropa de Miguel es muy elegante! ¿Y Carmen …? Ella lleva un chándal verde y una chaqueta blanca y zapatillas de deporte blancas, porque después quiere practicar deporte.

DESCUBRIR

2 La ropa ▪ Die Kleidung

a *Lee el texto otra vez. ¿Qué es qué? ▪ Lies den Text noch einmal. Mit Hilfe der Farben kannst du herausfinden, wie die Kleidungsstücke heißen. Schreibe den Namen des jeweiligen Kleidungsstückes mit dem Artikel unter die Bilder:*

1

el vestido ____________

2
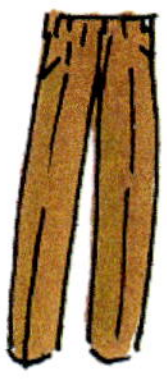
____

3

____

4
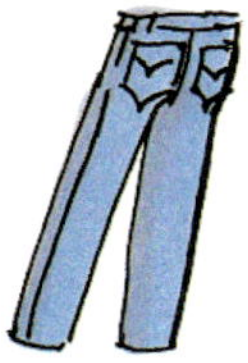
____

5

____

6

____

7

____

8

____

9

____

10

____

11

____

12

____

13

____

14

____

b *¿Cómo se dice en alemán? ▪*
Erstelle eine Vokabelliste oder ein Wörternetz zum Thema „la ropa" in deinem Heft.

PRACTICAR

3 La ropa de Inma y Toño

a *Escucha. ¿Qué llevan Inma y Toño?* ▪ *Höre zu. Was tragen Inma und Toño? Ordne Toño und Inma die Kleidungsstücke mit einem Pfeil zu.*

b *Escucha el texto otra vez y pinta la ropa.* ▪ *Höre den Text noch einmal und male die Kleidungsstücke mit der richtigen Farbe an.*

4 Yo llevo zapatillas verdes

¿Qué llevas tú hoy? Describe tu ropa. ▪ *Was hast du heute an? Beschreibe deine Kleidung.*

____

____

____

____

____

5 ¿Quién es?

Describe y adivina. ▪ *Beschreibe eine/n Mitschüler/in. Die anderen raten, wer es ist.*

PRACTICAR

6 ¿De qué color es?

Escribe el nombre de las cosas y el color. Ten cuidado: ¿singular o plural? ¿masculino o femenino?

1
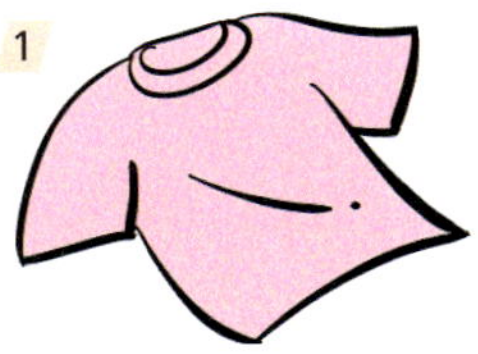
una camiseta rosa ________

2

____

3

____

4

____

5

____

6

____

7

____

8

____

9

____

7 Veo algo que tú no ves ...

Jugamos en la clase. ▪ *Schaue dich in deinem Klassenraum um und spiele mit deinen Mitschülern/-rinnen „Ich sehe was, was du nicht siehst".*

Veo algo que tú no ves.
Es rojo y rectangular.

¡Es el libro
de español!

pequeño/-a, bonito/-a, moderno/-a, grande,
largo/-a, corto/-a (kurz),
redondo/-a (rund), cuadrado/-a (quadratisch),
nuevo/-a, viejo/-a, rectangular (rechteckig)

8 El buen gusto

Ve a las páginas V y VI. ¡Combina! ▪ *Gehe auf die Seiten V und VI, schneide die Anziehpuppen und die Kleidungsstücke aus und male sie an. Ziehe die Puppen an und beschreibe sie deiner/-m Mitschüler/in. Ihr könnt die Anziehpuppen auch auf Papier kleben und im Klassenraum aufhängen.*

Ejemplo: El chico lleva pantalones negros, un jersey azul y zapatillas blancas.
¿Qué lleva tu chico/-a?

9 Moda en la clase

Trabaja con un/-a compañero/-a. ▪ *Arbeitet zu zweit. Organisiert eine Modenschau in der Klasse! Eine/r von euch muss als „Model" über den „Laufsteg" gehen und die / der andere muss beschreiben, was das „Model" gerade trägt. Bereitet die Präsentation zu Hause vor. Alle Mitschüler/innen machen sich zu den einzelnen „Models" Notizen. Wählt zum Schluss das schönste Outfit!*

Ejemplo: Nuestra modelo[1] lleva una falda negra muy elegante y una chaqueta amarilla muy moderna, también lleva...

1 el / la modelo: das Model

10 **Los adjetivos**
Completa las frases con las formas de los adjetivos buen, bueno/-a, mal, malo/-a, gran, grande.

1. La amiga de Ana lleva ropa muy cursi, no me gusta. La chica tiene ______________________ gusto.
2. En las tiendas grandes puedes comprar ropa de las ______________________ marcas.
3. Jarabe de Palo es un grupo de música bastante ______________________.
4. La película no me gusta, es una película ______________________.
5. Él no es simpático … ¡Es un ______________________ chico!
6. Nuestro profesor es genial. ¡Es un ______________________ profesor!
7. En mi habitación hay un armario ______________________.
8. No comprendo mis deberes … ¡Es un ______________________ problema!

11 **¿Cómo son?**
Escribe frases.

Utiliza: simpático/-a | moderno/-a | cómodo/-a | elegante | diferente | grande | pequeño/-a | viejo/-a

Ejemplo: **Es un chico simpático.**

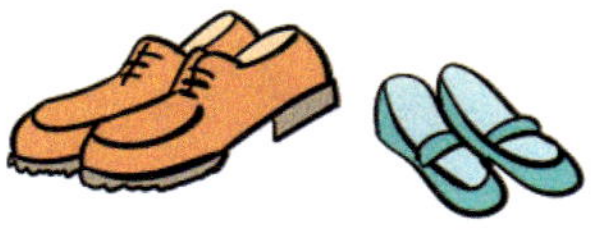

____

____

____

____

____

____

____

____

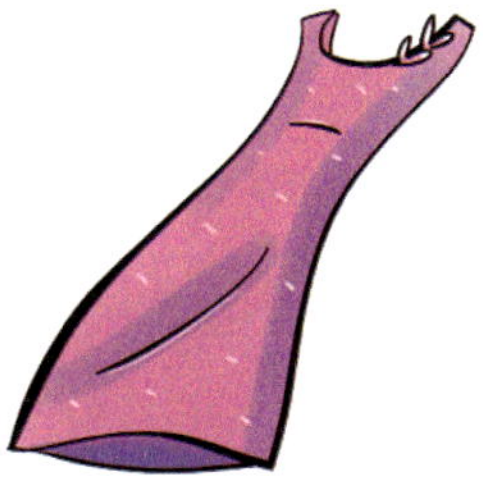

ENCUENTROS, Cuaderno de Actividades 1A

12 ¿Qué me pongo?
Completa con formas de los verbos combinar, ponerse, necesitar, comprar.

Anne: Mamá, ____________________ unas zapatillas nuevas. Las zapatillas viejas son muy pequeñas.

Madre: Buena hija, esta tarde vamos al centro comercial y ____________________ unas nuevas, ¿vale? Y … ¿de qué color?

Anne: ¡Amarillas! Mis amigas y yo ____________________ mucho la ropa y los colores.

Madre: ¡Amarillas!, pero Anne, el amarillo no es un color bonito. A ver … ¿con qué ____________________ unas zapatillas amarillas?

Anne: Con una camiseta azul y una falda violeta, o con un vestido negro, ¡claro! Ahora las chicas somos muy modernas, mamá. Por ejemplo, mi amiga Luisa ____________________ una blusa marrón y una chaqueta gris y los chicos de mi clase ____________________ un pantalón blanco con una camiseta roja.

Madre: ¡Pues yo no! ¡Yo no ________________ ropa amarilla!

Anne: ¡Qué horror!

13 Mi bolso de los verbos
Completa tu «bolso de los verbos» con comprar, ponerse, combinar y necesitar.

14 La moda me importa un pepino[1]
a *Pon las terminaciones a este rap de la ropa.*

1. Pantalon_______ violet_______,
van bien con camiset_______,
¿qué me pongo, cómo voy?
¿llevo marcas – pago car_______?
para mí no es muy claro
no, marquero[2] yo no soy.

Estribillo[3]:
La moda me importa un pepino
llevo lo mism_______ y es muy sencill_______:
¡Vaquer_______ mañana, vaquer_______ hoy!
no, marquero yo no soy.

2. Zapatill_______ amarill_______
sudader_______ muy sencill_______
¿qué te pones, cómo vas?
¿llevas marcas – pagas car_______?
tener buen gusto no es muy car_______
no, marquero yo no soy.

3. Faldas verd_______, divertid_______
¡gran idea: con zapatill_______!
camis_______ cursi_______, ¡qué horror!
mucho gusto, pero poco color
¿llevo roj_______, cómo voy?
no, marquero yo no soy.

b *¡Ahora escucha la canción, compara tus respuestas y canta en la clase!*

1 importar un pepino: völlig egal sein
2 el marquero: das Markenschwein
3 el estribillo: der Refrain

15 **Moda y marcas. Jugar un papel ▪ Eine Rolle spielen**
*Eine/r spielt dabei **Alumno/-a A**, der / die andere **Alumno/-a B**.*
Spielt eure Rollen so, wie sie auf euren Rollenkarten vorgegeben sind.
***Alumno/-a A**: Seite 101, **Alumno/-a B**: Seite 102.*

¿CÓMO SE DICE EN ESPAÑOL?

16 **Hablar en clase**
a *Completa los diálogos. ▪ Vervollständige die Dialoge mit der passenden Aussage.*

1 Sí, claro, ¿qué quieres saber?
2 Primero te toca a ti. Después le toca a ella.
3 Sí, ¡es correcto!
4 Sí, lo sé, no importa.

a ___

b ___

c ___

d ___

Schau dir die Liste „**El español en la clase**“ auf Seite 148 im Buch an. Malt auch diese Sprechblasen auf große Poster für den Klassenraum!

b **¿Cómo se dice en alemán?**
Schreibe die Sätze mit einer deutschen Übersetzung in dein Heft.

Mi página

Mi ropa favorita

Describe tu ropa favorita. ▪ *Male oder schneide aus einer Zeitschrift Kleidungsstücke aus und klebe sie hier auf. Beschrifte die Kleidungsstücke mit ihren Farben.*
Ejemplo: **unos vaqueros negros.**

FIESTA DE FIN DE CURSO

INTRODUCCIÓN

1 **Frutas y verduras** ▪ **Obst und Gemüse**

a *Escucha y ordena las palabras.* ▪ *Höre zu und ordne die Begriffe dem passenden Preis zu.*

1 la manzana
2 la lechuga
3 el plátano
4 el tomate
5 la cereza
6 el pepino
7 el albaricoque
8 el pimiento
9 el melocotón
10 la cebolla
11 la pera
12 la barra de pan
13 la naranja

b *¿Cómo se dice en alemán?* ▪
Erstelle eine Vokabelliste oder ein Wörternetz zum Thema „frutas y verduras" in deinem Heft.

2 **En el mercado** ▪ **Auf dem Markt**

Anne está haciendo la compra en el mercado. Escucha y lee el diálogo.

Vendedora: Buenos días, chica. ¿Qué quieres?
Anne: Buenos días … ¿Dónde está mi lista de la compra? Ah, ¡aquí está! Necesito un kilo de manzanas rojas y … dos kilos de naranjas.
Vendedora: Un kilo de manzanas y dos kilos de naranjas. ¿Algo más?
Anne: Sí, dos kilos de peras, diez plátanos y … ah, un kilo y medio de albaricoques.
Vendedora: Entonces, dos kilos de peras, diez plátanos son dos kilos … y un kilo y medio de albaricoques. ¿Algo más?
Anne: Tres pepinos, cuatro pimientos verdes y tres cuartos de kilo de cebollas … Y una lechuga.
Vendedora: Tres pepinos son un kilo y medio, cuatro pimientos verdes son un kilo, tres cuartos de kilo de cebollas y una lechuga. ¿Qué más?
Anne: Y una barra de pan, por favor.
Vendedora: … ¡Y una barra de pan! ¿Algo más?
Anne: Es todo, gracias. ¿Cuánto es?
Vendedora: A ver, a ver … Son 23,25 €.
Anne: Aquí tiene, ¡gracias!
Vendedora: ¡Muchas gracias a ti! Adiós.
Anne: Adiós.

3 La lista de la compra ▪ Der Einkaufszettel

Lee el diálogo de 2 otra vez. ¿Qué compra Anne? ¿Cuánto es? ▪
Lies den Dialog aus 2 noch einmal. Schreibe eine Liste mit dem Obst und Gemüse, das Anne einkauft, mit der Menge und dem Preis. Kommst du auch auf 23,25 €?

manzanas	1 kilo	1,97 €

4 ¿Cuánto es? Jugar un papel ▪ Eine Rolle spielen

Auf dem Markt. Eine/r spielt dabei ***Alumno/-a A: Kunde/-in****,*
der / die andere ***Alumno/-a B: Verkäufer/in****.*
Spielt eure Rollen so, wie sie auf euren Rollenkarten vorgegeben sind.
Alumno/-a A: *Seite 101,* ***Alumno/-a B:*** *Seite 102.*

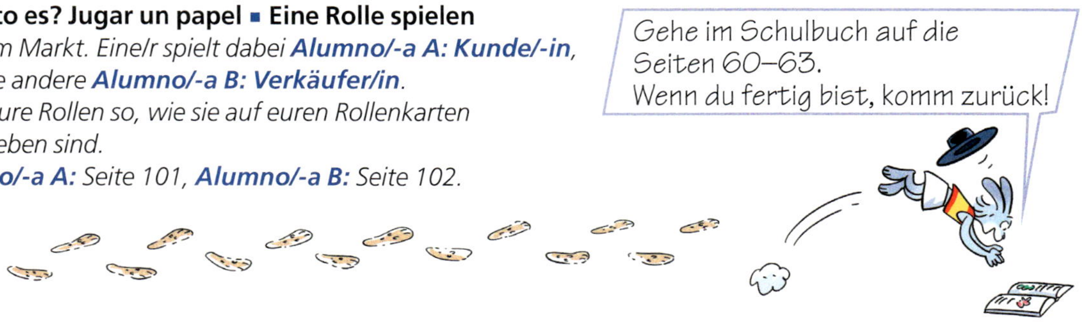

PRACTICAR

5 ¿*Este* o *ese*?

Ve a la página 100 y completa el cuadro 19.

6 ¿Qué me pongo?

Completa con este / esta / estos / estas *y con las terminaciones de los adjetivos.*

Hoy llevo cosas muy bonitas. Llevo ______________

falda roj_____ y ______________ camiseta

blanc_____. Y llevo ______________ jersey

amarill_____. También llevo ______________

zapatos roj_____. Y me pongo ______________

sombrero amarill_____ y ______________ gafas

azul_____, claro. ¿Te gusto?

7 **Vamos de compras.**

a *Anne y Luisa van de compras a un centro comercial. Completa con una forma de* **este**, **ese** *o* **aquel**. *¡Ojo con los acentos!*

b *Ahora escucha los diálogos y compara tus respuestas.* ▪ *Höre jetzt die Dialoge und vergleiche deine Einträge.*

8 **Mi maleta ▪ Mein Koffer**

Ve a la página VII y VIII y haz «mi maleta». ▪ *Suche dir einen kleinen Karton (z. B. einen Schuhkarton), lege ihn mit weißem Papier aus und gestalte «***mi maleta***». Gehe auf Seite VII und VIII, schneide die Kärtchen aus und lege sie alle auf deinen Tisch. Suche dir dann von jedem Produkt das Modell aus, das dir am besten gefällt und lege die Karte in deinen Koffer.*

Wenn du fertig bist, zeige deinem/-r Mitschüler/in, was du in deinen Koffer eingepackt hast. Beschreibe jede Sache und begründe deine Wahl. Benutze dafür Sätze mit **este** / **esta** … *Vergiss nicht, auch kurz über die Sachen zu sprechen, die du nicht eingepackt hast (***ese** / **esa** …*;* **aquel** / **aquella***).*

Ejemplo: Yo tengo en mi maleta esta camiseta. Me gusta porque es una camiseta moderna. ¿Y tú? ¿Cuál camiseta tienes en tu maleta?, ¿te gusta aquélla?

9 La fiesta de Anne

Anne quiere preparar una fiesta. Habla con Luisa.
Completa con ¿qué? o ¿cuál?, ¿cuáles?

Anne: ¿_______________ bocadillos preparamos?

Luisa: Bueno, podemos hacer bocadillos de queso o de jamón. ¿_______________ te gustan más?

Anne: A mí me gustan los bocadillos de jamón. ¿Y _______________ bebemos? ¿Compramos zumos?

Pero ¿_______________? ¿Zumos de naranja o de manzana?

Luisa: Pues no sé. De manzana. ¿Y _______________ música quieres escuchar?

Anne: Bueno, aquí tengo un cd de **La Oreja de Van Gogh** y uno de

Alejandro Sanz. ¿_______________ escuchamos?

Luisa: Para mí el de **la Oreja**. Pero ¿_______________ música les gusta a tus amigos?

Anne: A mis amigos también les gusta la música de **la Oreja**. ¿_______________ más tenemos que

preparar?

10 ¿Quiénes son?

Por la noche la madre de Anne ve la foto de la fiesta y pregunta: ¿Quiénes son estos chicos?
Une las dos frases con el pronombre relativo que. ▪ Verbinde beide Sätze mit dem Relativpronomen que.

1. Carmen es la chica simpática. Ella lleva una camiseta verde.

____

2. Julia está en la mesa. La mesa es roja.

____

3. Juan y Carlos son los chicos activos. Ellos están jugando al fútbol.

____

4. Martín y Luis tienen una pelota nueva. La pelota es blanca y negra.

____

5. Pablo es el chico grande. Él lleva un pantalón azul.

____

11 Preparad una fiesta en la clase

a *Trabaja con tu compañero/-a.*

1. ¿A quién queréis invitar?
2. ¿Qué coméis en la fiesta?
3. Haced una lista de compras:
   un kilo de ..., tres cuartos de ...
4. ¿Qué música escucháis?
5. ¿Qué ponéis en la clase?
6. Preparad el programa: juegos, actividades ...

b *Presentad vuestras ideas en la clase. ▪ Stellt eure Ideen der Klasse vor. Welche sind die besten? Fragt eure/n Lehrer/in, ob ihr das Fest tatsächlich machen könnt. Viel Spaß!*

12 Habla de tus amigos de la clase

Escribe frases como en 10 *sobre cinco compañeros/-as de tu clase, pero sin nombre. ¿Saben los otros compañeros de quién hablas?*

El chico tiene un estuche que es azul y amarillo. ¿Quién es?

Es una compañera simpática que juega al fútbol. ¿Quién es?

____

____

____

____

____

13 Hacer el ejercicio

Tándem, página 109

14 ¡Estás muy guapo!

Completa con el verbo **estar** *y la forma correcta del adjetivo:*

contento/-a, harto/-a, aburrido/-a, cómodo/-a, libre, tranquilo/-a, guapo/-a.

1 Oye, este vestido es precioso.
(tú) __________ muy __________.

2 (yo) ¡________________!

3 (tú) ¿____________ ________________?

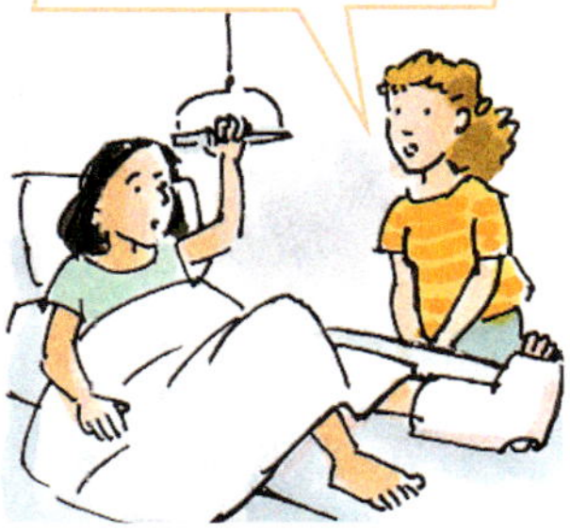

4 Aquí, todo ________________________. ¿verdad?

5 ¿__________________?

6 (tú) ¿________________________?

7 ¿Cómo estáis?

____

15 *El Caminito:* Una casa rural

Completa con una forma del verbo ***ofrecer****.*

La casa rural **El Caminito** les ____________________ muchas cosas interesantes y divertidas. Sus habitaciones ____________________ camas muy cómodas, su piscina ____________________ muchas horas de juego y sus sillas en frente del mar ____________________ días muy tranquilos. Yo, el propietario[1], les ____________________ unos días estupendos. Mi familia y yo les ____________________ un tiempo fenomenal.

1 el propietario: der Besitzer

16 *Ofrecer*

Ve a la página 100 y completa el cuadro 20.

17 Mi bolso de los verbos

Completa tu «bolso de los verbos» con ***ofrecer****.*

18 El juego de los verbos

Nehmt das Spielbrett von der Kartonseite IV und ergänzt die folgenden Verben auf einigen der leeren Felder: ***pensar, comprar, combinar, necesitar, perdonar, celebrar*** *y* ***ofrecer****. Spielt noch einmal, auch mit den* ***gerundio****-Formen!*

19 Las casas rurales

a *Anne quiere preparar una fiesta en una casa rural para sus amigos de Alemania. ¿Puedes buscar una casa con ella? Busca «casa rural» en una máquina de búsqueda[1] en la red, o en www.munimadrid.es, www.turgalicia.es, o en www.andaluciajunta.es y apunta:*

1. ¿Cómo se llama tu casa rural?

   ____

2. ¿Dónde está la casa rural?

   ____

3. ¿Es cara? ¿Sí / No?

   ____

4. ¿Qué puedes hacer en la ciudad / en el pueblo?

   ____

5. ¿Por qué te gusta esta casa?

   ____

1 la máquina de búsqueda: die Suchmaschine

b *Presenta tu información en la clase.*

REPASO

1 **Esteban está comprando regalos.**
Completa el texto con los pronombres de complemento indirecto.

Esteban está con su padre en un centro comercial. Quiere comprar algunos regalos para su familia. Está en una tienda pensando: ¿Qué ___________ compro a mi mamá? A ella ___________ gusta la música. ¡Entonces un cd! A mi hermana mayor ___________ compro una gorra, a mi hermano ___________ compro un libro de España y a mi hermana pequeña ___________ compro unas gafas de sol azules. A mis abuelos ___________ gustan mucho las películas: Entonces ___________ compro una película de amor. ¿Y a mí? ¡Yo ___________ compro un balón nuevo! ¿Y qué tengo para ti, papá? A ti ___________ compro una camisa verde, porque el color verde ___________ gusta mucho, ¿verdad? ¡Y a todos nosotros ___________ compro un pastel! ¡Y ya! Todo el mundo tiene algo.

2 **En el mar**
¿Qué están haciendo los chicos? Escribe 10 frases en tu cuaderno. Utiliza el gerundio.

3 **¿Qué hacen y qué están haciendo?**
Completa las frases con presente simple o estar + gerundio.

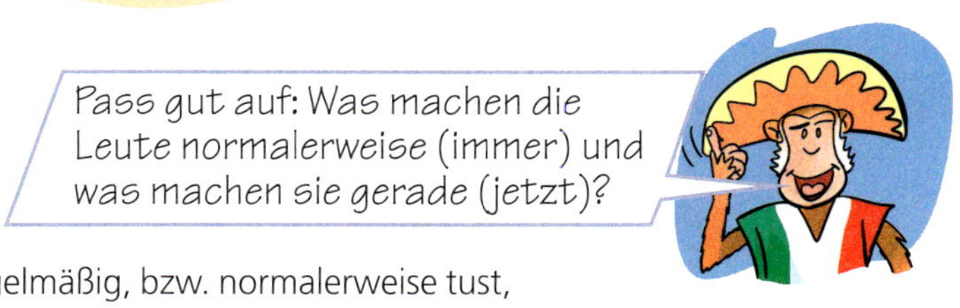

1. Wenn du sagen willst, dass du etwas regelmäßig, bzw. normalerweise tust, dann benutzt du ____.
2. Wenn du sagen willst, dass du etwas gerade jetzt tust, dann benutzt du ____.

4 **Estoy pensando**
Completa las frases con el presente simple o con la forma estar + gerundio.

1. Anne siempre ___________________ (estudiar) por la tarde, pero ahora no ___________________ (estudiar) porque ya sabe todo.

2. Pedro y Carlos __________ (jugar) al fútbol cada día. Pero en este momento no __________ (jugar), __________ (leer) un libro.
3. Carmen y yo no podemos ir a la plaza ahora, __________ (esperar) a Julia.
4. Nosotros siempre __________ (hacer) la compra en un supermercado. Pero ahora no tenemos tiempo y __________ (comprar) las cosas en una tienda pequeña.
5. ¿Dónde están tus padres? – __________ (comer) en un restaurante[1].
– ¿En un restaurante? Pero ¡ellos nunca[2] __________ (comer) en restaurantes!

1 el restaurante: das Restaurant 2 nunca: nie

5 Buscamos la ropa

Completa el diálogo con ¿qué? o ¿cuál / cuáles?

Anne: ¿__________ vestido te pones, Luisa? ¿El rojo o el amarillo?

Luisa: No sé … el amarillo. ¿__________ te gusta más?

Anne: ¡El amarillo! Y yo estoy pensando en los zapatos. Mira, aquí tengo los negros y los azules. ¿__________ me pongo?

Luisa: ¡Los azules! Son modernos. ¿Y __________ camiseta te pones?

Anne: Todavía no lo sé. Con el pantalón azul … bueno, ¿__________ te gusta más? ¿La blanca o la roja?

Luisa: La camiseta roja me gusta más. ¿Llevas también un sombrero?

Anne: Sí, sí. Sin sombrero no voy.

Luisa: Pero … tienes dos sombreros modernos. ¿__________ te pones?

Anne: El sombrero nuevo. El marrón.

6 Ésta es mi amiga Mayela.

Completa con una forma de este, ese o aquel. ¡Ojo con los acentos!

1
– __________ es mi tío Beto y __________ es mi prima Maripaz.
– ¿Y quiénes son __________ chicos?

2
– ¿Quién es __________ chica?
– ¿Quién? ¿__________? Es la hermana de Paco.
– ¿Y __________ chico en moto?
– ¿__________? ¡Pues es Paco!

3
– Buenos días, dos barras de pan, por favor.
– ¿De __________ o de __________?
– De __________, por favor.

7 Una canción que habla de Barcelona

Escucha y une las dos frases con el pronombre relativo que. ▪
Höre zu und verbinde beide Sätze mit dem Relativpronomen que.

1. ______________________________
   ____
2. ______________________________
   ____
3. ______________________________
4. ______________________________
5. ______________________________

8 ¿*Qué* o *que*?

Escribe el acento. ▪ *Handelt es sich um das Fragewort qué oder um das Relativpronomen que? Schreibe den Akzent auf das e des Fragewortes.*

1. ¿**Que** compra la chica **que** está en la tienda?
2. ¿**Que** buscas? – El libro de deportes **que** me gusta mucho.
3. ¿**Que** sabes de los chicos **que** viven enfrente de tu casa?
4. Los chicos **que** están en la fiesta, ¿**que** música escuchan?

9 En la tienda

El vendedor no sabe qué tiene en su tienda. ¿Qué hay en la tienda? Haz una lista.

____
____
____
____
____
____
____
____
____
____
____
____
____

AUTOCONTROL

1 Una mala película

Completa con las formas correctas del adjetivo.

1. Madrid es una ciudad muy __________________.	grande
2. Es una __________________ idea.	bueno/-a
3. Él tiene un __________________ gusto.	malo/-a
4. *Los Monos* son un __________________ grupo.	grande
5. A mí me gustan los libros __________________.	interesante
6. ¿Dónde está vuestro jersey __________________?	nuevo/-a
7. Yo estoy __________________ en la fiesta.	contento/-a
8. Carmen y Luis están __________________.	harto/-a

2 El pronombre relativo … *que* …

Mira los dibujos y la información y escribe frases con que.

Ejemplo: llevar pantalones verdes / Miguel

El chico que lleva los pantalones verdes se llama Miguel.

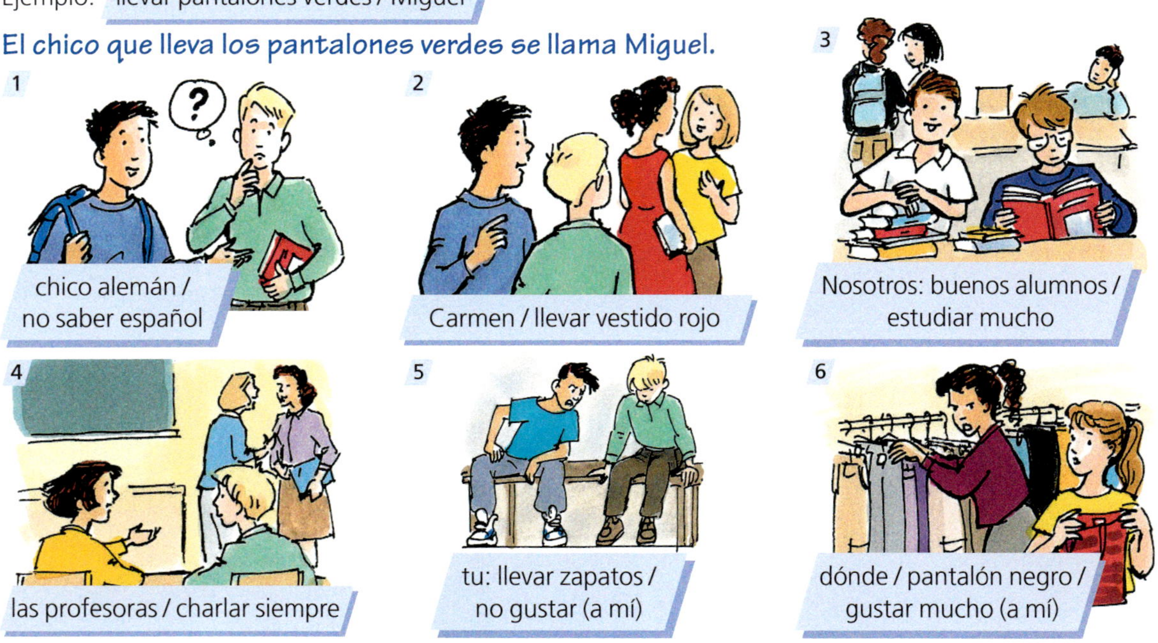

1. ____
2. ____
3. ____
____
4. ____
5. ____
6. ____

3 **Me gustan los aviones, me gustas tú.**
Completa las frases con un pronombre de complemento indirecto.

1. A ti, ¿qué ________ encanta? – ________ encantan las películas.
2. ¿Qué ________ compras a tu padre? – ________ compro una camisa nueva.
3. No vamos al teatro hoy. ________ parece aburrido.
4. Vosotros siempre vais al cine. ¿________ parece interesante?
5. A ti no ________ gustan las manzanas, ¿verdad?
6. Oye, A Carlos y a ti ¿________ gusta el cd?
7. A Laura y a Vero el tema ________ parece fuerte.

Manu Chao

4 **La ropa**
Haz el crucigrama. ■ *Vervollständige das Kreuzworträtsel.*

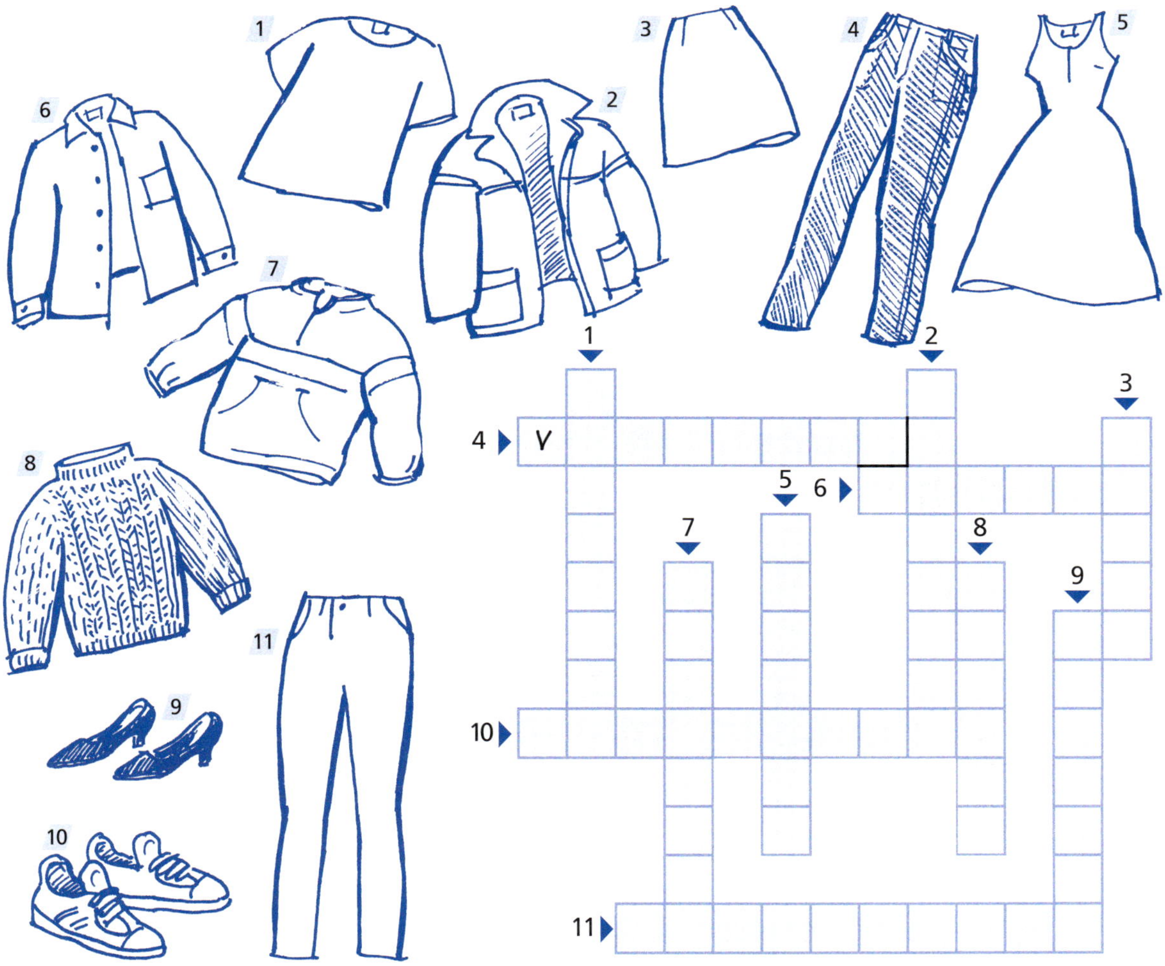

5 **¿Qué haces? ¿Qué estás haciendo?**
Completa con el presente simple o con estar + gerundio.

1. Los españoles ______________ (cenar) tarde, los alemanes temprano.
2. ¿Por qué no ________________________ (leer) ahora? – Yo siempre ______________ (leer) mucho, pero ahora ______________ (escuchar) música.

3. ¡Papá, teléfono! – No puedo hablar ahora, ________________ (trabajar).

4. Chicos, ¿qué ________________________________ (hacer) allí? – Ahora

____________________________________ (escuchar) música.

5. ¿A qué hora ________________ (volver), papá? – A las cinco de la tarde. Siempre ________________ (volver) a esa hora.

6. Profesor: Pedro, ¿qué _________________________ (hacer) ahora? ¿____________________ (hablar)?

Pedro: No profesor, no ________________________ (hablar).

6 **Verbos**

a *¿Qué verbos tienen la misma conjugación?*

empezar · ofrecer · parecer · pensar · poder · volver

____

b *Conjuga los verbos.*

infinitivo			
yo			
tú			
él / ella / usted			
nosotros / nosotras			
vosotros / vosotras			
ellos / ellas / ustedes			
gerundio			

infinitivo			
yo			
tú			
él / ella / usted			
nosotros / nosotras			
vosotros / vosotras			
ellos / ellas / ustedes			
gerundio			

Die Lösungen findest du auf Seite 112–113.

ENCUENTROS, Cuaderno de Actividades 1A

INTRODUCCIÓN

1 El pretérito perfecto ▪ Das *pretérito perfecto*

Escucha, ordena los dibujos y canta. ▪ Höre zu, finde heraus, in welcher Reihenfolge die Bilder im Lied vorkommen und singe den Rap in der Klasse!

2 ¡Querido Diario! ▪ Liebes Tagebuch!

Escucha, lee y marca todos los verbos en el texto. ▪ Höre zu, lies und unterstreiche alle Verbformen im Text.

Querido Diario:

Este año en España ha sido fenomenal. Primero, he hecho muchas amigas nuevas aquí. Por ejemplo Luisa, una chica muy simpática. Ella me ha hablado mucho sobre España. Nosotras hemos salido los fines de semana, hemos estado en el mar o hemos jugado al baloncesto. Luisa también tiene muchas amigas españolas. Ellas son muy curiosas y siempre me preguntan: ¿Ya has visto esto? ¿Ya has comprado eso? ¿Ya has aprendido esta palabra? ... y muchas cosas más. Pero yo también les pregunto mucho: ¿Vosotras habéis estado en Alemania? ¿Qué habéis hecho el fin de semana? ¿Habéis bailado? ... yo también soy muy curiosa. Mis amigas me han preparado muchas tapas españolas. Hemos comido, hemos tomado algo, hemos leído revistas de moda y hemos charlado horas y horas. Muchas veces hemos ido al cine o a fiestas. ¡Ha sido muy divertido! Bueno, España es fenomenal. Y yo he aprendido español muy bien y por eso he escrito hoy en español como has podido ver.

DESCUBRIR

3 ¡Perfecto!

a *Marca en el texto de 2 las formas del verbo haber y los participios (verbos en el pretérito perfecto).* ▪
Markiere im Text von Aufgabe 2 die Formen des Hilfsverbs haber und die Formen des Partizips.

b El pretérito perfecto
Busca todos los participios en el texto y completa el cuadro 21 en la página 100. ▪
Suche alle Partizipien im Text und fülle die Tabelle 21 auf Seite 100 aus.

c *Wie wird das Partizip der drei **regelmäßigen** Verbgruppen gebildet?*

Das Partizip der Verben auf **-ar** endet auf ________. Das Partizip der Verben auf **-er** endet auf ________.

Das Partizip der Verben auf **-ir** endet auf ________.

PRACTICAR

4 El diario de Luisa
Completa el texto con las formas del verbo haber.

Querido Diario:

Esta tarde yo ________ estado en el centro comercial con Anne, María y Carmen. Anne ________ comprado una revista y nosotras ______________ visto muchas fotos de la ropa de moda. María y Carmen ______________ estado en una tienda y ____________ comprado un regalo para Esteban, porque mañana es su cumpleaños. Yo le ________ comprado un libro y Anne le ________ preparado un pastel. En el centro comercial Anne y yo les ____________ preguntado a María y a Carmen:

Chicas, ¿qué le ________ comprado a Esteban?

María y Carmen: Le ____________ comprado una gorra. Y tú Luisa, ¿qué le ________ comprado?

¡Un libro!, como tú ya sabes, mi querido diario.

5 Mi armario de los verbos
Escucha los verbos en el pretérito perfecto y escribe el número al lado del infinitivo en el armario.

6 **¿Qué han hecho?**

Mira los dibujos y escribe frases en el pretérito perfecto como en el ejemplo (número uno).

1. La chica ha estado en la piscina.
2. ____________________
3. ____________________
4. ____________________
5. ____________________
6. ____________________

7 **¿Y tú? ¿Qué has hecho o qué no has hecho hoy?**

a *Escribe frases en el pretérito perfecto.*
Puedes utilizar:

comer / jugar / leer / ver / hablar por teléfono / salir / hacer / ir

____

____

____

____

____

____

____

____

↙↗ **b** *Trabaja con tu compañero/-a. Tú le preguntas:* **¿Qué has hecho hoy?** *y él / ella contesta.*
Apunta y presenta sus respuestas en la clase.

8 **Mi bolso de los verbos**

Juega con los verbos de tu «bolso de los verbos».
Esta vez con las formas del pretérito perfecto. ¿Quién gana ahora?

9 **¡Qué perfecto!**

Escucha las frases en presente y escríbelas en el pretérito perfecto en tu cuaderno. ▪
Höre die Sätze im Präsens und schreibe sie im pretérito perfecto *in dein Heft.*

10 **¿Qué has hecho? Jugar un papel** ▪ **Eine Rolle spielen**

Führt ein Telefongespräch. Eine/r spielt dabei ***Alumno/-a A****, der / die andere* ***Alumno/-a B****. Spielt eure Rollen so, wie sie auf euren Rollenkarten vorgegeben sind.* ***Alumno/-a A****: Seite 101,* ***Alumno/-a B****: Seite 102.*

11 **Las madres siempre encuentran algo.**

Completa los diálogos:

12 **Tu año en español**

¿Qué has hecho en la clase de español? ¿Qué has aprendido? ¿Con quién has estudiado?
¿Qué te ha gustado y qué no te ha gustado? Escribe un texto en tu cuaderno en el pretérito perfecto.
Puedes utilizar: aprender, cantar, escribir, leer, jugar, hablar, hacer, ver, gustar *y otros verbos.*

¿CÓMO SE DICE EN ESPAÑOL?

¿Qué vas a hacer en las vacaciones?

Ahora han llegado las vacaciones. ¿Qué van a hacer los chicos? Lee las frases.

Yo voy a leer muchos libros divertidos.

Tú vas a hacer muchas excursiones.

Ella va a salir con sus amigas.

Nosotros vamos a preparar muchas fiestas.

Vosotros vais a ir al cine y vais a ver muchas películas.

Ellos van a viajar a España.

13 El futuro inmediato ▪ Die unmittelbare Zukunft

¿Qué vamos a hacer? Escribe frases en el futuro inmediato en tu cuaderno.

Ejemplo: Yo **no voy a ver** una película.

Anne y Luisa	estudiar	al teatro
Vosotros	ver	los deberes
Esteban	hacer	alemán
Nosotros	ir	la tele
Tú		cosas con amigos

Das Futur bildest du aus: **ir** + **a** + Infinitiv.
Die Verneinung (**no**) steht vor **ir**.

14 ¿Qué van a hacer mañana?

Escucha y escribe las frases en tu cuaderno en el futuro inmediato como en el ejemplo.

Ejemplo: Du hörst:

Los chicos **están** en la escuela.

Du schreibst:

Mañana los chicos **van a estar** en la escuela.

15 ¿Y tú? ¿Qué vas a hacer en tus vacaciones?

a *Escribe frases con el futuro inmediato.*
Puedes utilizar: viajar, jugar, leer, ir, descansar y otros verbos.

____

____

____

____

____

b *Trabaja con tu compañero/-a. Tú le preguntas:* ¿Qué vas a hacer en tus vacaciones? *y él / ella contesta. Apunta y presenta sus respuestas en la clase.*

Actividades

TEST

¿Tienes facilidad para los idiomas?

Salut, meine gute friends. Do you speak fácilmente les lingue di tutto il mondo?

1 Te encuentras con un marciano en la calle y no tienes tu diccionario marciano-español ...
- ■ Estás rojo/-a como un tomate y olvidas[1] el poco vocabulario marciano que sabes.
- ● Haces dibujos en un papel para poder hablar con el marciano.
- ▲ Miras al marciano y miras y miras ... pero ¡no hablas nada con él!

2 Para aprender diez versos de una poesía necesitas ...
- ● Unos diez minutos.
- ▲ Unos sesenta minutos.
- ■ Una chuleta[2].

3 ¿Hablas también con las manos[3]?
- ▲ Nada.
- ● Mucho.
- ■ Un poco.

4 ¿Qué tal haces los acentos extranjeros[4]?
- ▲ Bastante mal.
- ● Muy bien.
- ■ Bastante bien, pero sólo cuando es divertido.

5 Esta mañana tienes tu primera clase de latín ...
- ● Primero quieres aprender una palabrota[5].
- ■ Te preguntas: ¿Qué es esto? ¿Qué estoy haciendo aquí?
- ● *Non entendum ... Que rollum «latinus»!*

6 ¿Cuál de estas lenguas quieres hablar muy bien?
- ■ Español.
- ● Chino.
- ▲ Esperanto.

7 En clase de español, tú hablas ...
- ■ Sólo si te preguntan.
- ▲ Con tu compañero/-a
- ● Mucho y muy bien.

8 Y para terminar, tú ...
- ● Hablas poco.
- ■ Hablas bastante.
- ▲ Hablas mucho

Rodea el símbolo que corresponde a cada una de las respuestas. ¿Cuántos ●, ■, ▲ tienes? Cuidado, ¡los símbolos verdes valen el doble[6]!

RESULTADOS

Mayor número de ●

Lengua curiosa

Eres curioso/-a y te interesas por los idiomas. Te encanta hablar de muchas cosas y con todo el mundo. ¿La gente no te entiende? Entonces tienes muchas técnicas para comunicarte: gestos, dibujos, un lápiz y un cuaderno etc. En clase de español estás muy contento/-a cuando tienes que hablar o cuando el profe te pregunta algo, porque te encanta hablar. Por eso ..., ¿quieres aprender chino, árabe o persa? Pues, ¡muy bien! Para ti es fácil aprender todos estos idiomas y tener muchas palabras en tu boca[7].

Mayor número de ■

Lengua controlada

Los idiomas te interesan. Puedes aprender más idiomas y hablar más, pero ... ¿lo haces? Y ¿hablar en un idioma extranjero? ... ¡Qué horror! Por eso no haces mucho en la clase de español. Sí ... bueno ..., estudias ..., pero ... ¡no mucho! ¿Qué puedes hacer? Pues, ¿Qué tal si pasas un tiempo de tus vacaciones en el extranjero?

Mayor número de ▲

Lengua tranquila

Quieres aprender idiomas, pero ... es difícil. Quizás[8] necesitas una puerta más grande para empezar: escuchar canciones, leer cómics o ver una película en el idioma original son ideas muy buenas para ti. O algo más bonito y más interesante: busca a un chico/-a con otra lengua para escribir cartas o hablar en la red. Tener un/a amigo/-a y querer hablar con él /ella es una gran idea para aprender un idioma.

1 **olvidar:** vergessen
2 **la chuleta:** der Spickzettel.
3 **la mano:** die Hand
4 **extranjero:** ausländisch, das Ausland
5 **la palabrota:** das Schimpfwort
6 **valen el doble:** sie zählen doppelt
7 **la boca:** der Mund
8 **quizás:** vielleicht

© Okapi, 2004, texto adaptado

Mi mascota[1]

Gente joven

¿Tienes una mascota?
¿Cómo es?
Tres chicos nos hablan de sus animales.

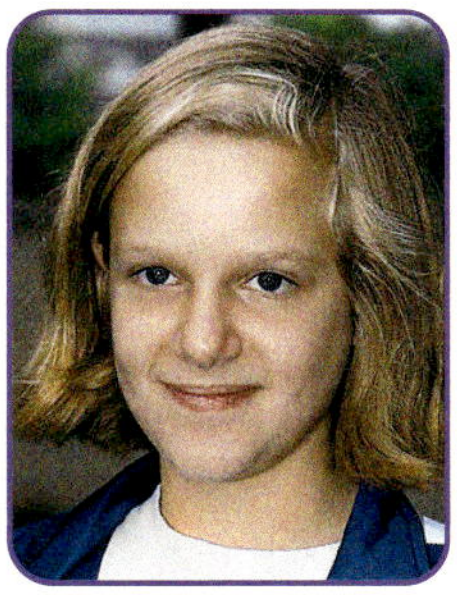

¿Qué tal?, ¿tienes animales en casa?
Nieves: Sí, tengo un perro.
QT: ¿Cómo se llama?
Nieves: Se llama Truco
QT: ¿Cómo es Truco?
Nieves: Es blanco y negro. Es simpático y divertido. A veces es un poco loco[2] .

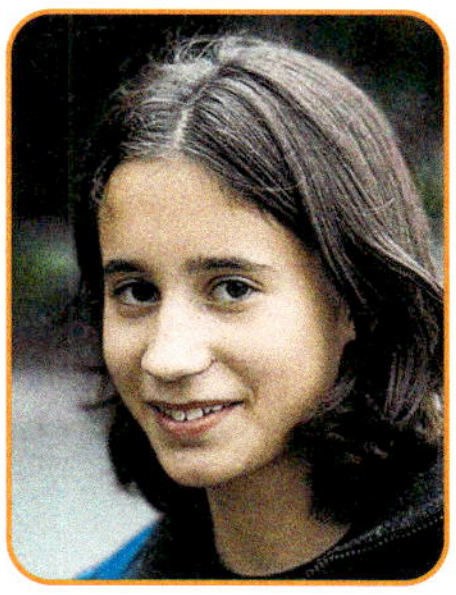

QT: ¿Qué animales tienes en casa?
Mercedes: Tengo un hámster. Se llama Caramelo. Es marrón. Es muy activo por la noche y es muy simpático.

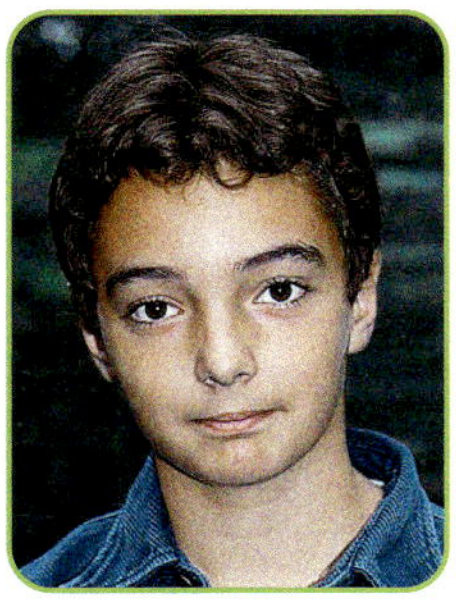

QT: ¿Tienes una mascota?
Juan Pablo: Sí, tengo unos peces. Creo que tengo más de cincuenta. Son de muchos colores. Son azules, rojos, amarillos, negros, verdes … Los peces son interesantes.

¿Cómo es tu animal?

Es ______________________

loco/-a | inteligente | interesante
cariñoso/-a[3] | valiente[4] | simpático/-a

Los animales y tu personalidad

Si tu animal favorito es …

● el gato

Eres ágil[5] y elegante.

● el perro

Eres simpático/-a y cariñoso/-a. Eres un/a bueno/-a amigo/-a.

● el caballo

Eres fuerte, inteligente y valiente.

● el loro

Eres hablador/a[6] y siempre estás contento/-a.

● el pato

La natación[7] es tu deporte favorito.

● el hámster

Eres vegetariano/-a y te gusta mucho la noche.

● el jaguar

Eres rápido/-a y muy fuerte.

● el mono

Eres ágil y sociable. Te encantan los deportes.

1 la mascota: el animal doméstico, Haustier
2 loco/-a: verrückt
3 cariñoso/-a: zärtlich
4 valiente: mutig
5 ágil: *hier:* flink
6 hablador/a: gesprächig
7 la natación: das Schwimmen
8 tomar en serio: ernst nehmen

Este test es para divertirse. Por favor, no lo tomes muy en serio[8].

MI RESUMEN DE GRAMÁTICA

1 Los verbos en *-ar* y el verbo *ser* ▪ Verben auf *-ar* und das Verb *ser*

	verbos en -ar		verbo irregular
	llamarse	***hablar***	! ***ser***
yo	me llamo	hablo	soy
tú	llam	habl	
él / ella / usted	llam	habl	
nosotros / nosotras	nos llam	hablamos	
vosotros / vosotras	os llamáis	habl	
ellos / ellas / ustedes	se llam	habl	

2 El artículo determinado e indeterminado ▪ Der bestimmte und der unbestimmte Artikel

	♂ (männlich)		♀ (weiblich)	
	bestimmt	unbestimmt	bestimmt	unbestimmt
Singular	el chico		chica	una chica
	amigo	un amigo	la amiga	
	! el profesor		profesora	
	! autobús		! televisión	! una televisión
Plural	los chicos			
				unas amigas
		! unos profesores	las profesoras	
	! los autobuses			! unas televis ones

3 Los verbos en *-er* ▪ Verben auf *-er*

	verbos en -er		verbo irregular
	comprender	***leer***	! ***ver la tele***
yo			veo la tele
tú	comprendes		
él / ella / usted			ve
nosotros / nosotras			
vosotros / vosotras		leéis	! veis
ellos / ellas / ustedes			

4 Los verbos en *-ir* y el verbo *tener* ▪ Verben auf *-ir* und das Verb *tener*

	verbos en -ir		verbo irregular
	vivir	***escribir***	! ***tener***
yo	vivo		tengo
tú	viv		
él / ella / usted	viv		tien
nosotros / nosotras	vivimos		tenemos
vosotros / vosotras	viv		tenéis
ellos / ellas / ustedes	viv		tien

5 El determinante posesivo ▪ Der Possessivbegleiter

Singular		Plural	
mi	hermano/-a		hermanos/-as
	hermano/-a	tus	hermanos/-as
	hermano/-a	sus	hermanos/ -as
nuestro		nuestros	
nuestra			hermanas
vuestro	hermano	vuestros	hermanos
vuestra			hermanas
su	hermano/-a		hermanos/-as

6 Los verbos *querer*, *saber* y *hacer* ▪ Die Verben *querer*, *saber* und *hacer*

	querer	*saber*	*hacer*
yo		sé	hago
tú			
él / ella / usted			
nosotros / nosotras			
vosotros / vosotras			
ellos / ellas / ustedes	quieren		

7 El verbo *estar* ▪ Das Verb *estar*

	estar
yo	
tú	
él / ella / usted	
nosotros / nosotras	
vosotros / vosotras	
ellos / ellas / ustedes	

8 El imperativo ▪ Die Befehlsform

	hablar	*leer*	*escribir*	*tener*	*hacer*	*salir*
tú				!	!	! sal
vosotros/-as						salid

9 *Poder* y *jugar*

	Verbos con diptongación *o → ue*	Verbo irregular
	poder	! ***jugar***
yo	pued	
tú		
él / ella / usted		juega
nosotros / nosotras	pod	
vosotros / vosotras		jugáis
ellos / ellas / ustedes		

10 Los verbos reflexivos ▪ Die reflexiven Verben

	levantarse	*ducharse*	*quedarse*
yo	me levant		
tú	te levant		
él / ella / usted			
nosotros / nosotras			
vosotros / vosotras			
ellos / ellas / ustedes			

11 Los verbos irregulares ▪ Die unregelmäßigen Verben

	poner	*ir*	*irse*
yo	pongo		
tú			te vas
él / ella / usted			
nosotros / nosotras		vamos	
vosotros / vosotras			
ellos / ellas / ustedes			

12 Los verbos modales ▪ Die Modalverben

	poder	*querer*	*tener que* + Infinitiv
yo	puedo		
tú		quieres	
él / ella / usted			tiene que
nosotros / nosotras			
vosotros / vosotras			
ellos / ellas / ustedes			

Die Reflexivpronomina können an den Infinitiv des Hauptverbs angeschlossen werden, oder vor dem **konjugierten** Modalverb stehen.

Puedo quedar**me** hasta las tres.
Me puedo quedar hasta las tres.

Denke daran, das Reflexivpronomen der entsprechenden Person des Subjekts anzupassen.

(**Yo**) quier**o** quedar**me**.
¿Ya quier**es** ir**te**?

13 Los determinantes indefinidos ▪ Die unbestimmten Begleiter

	♂		♀	
Singular	much___	trabajo	much___	gente
	poc___	trabajo	poca	gente
	otr___	trabajo	otr___	gente
Plural	much___	libros	much___	chicas
	poc___	libros	poc___	chicas
	otros	libros	otr___	chicas

14 Los verbos *saber* y *poder* ▪ Die Verben *saber* y *poder*

	saber	*poder*
yo	___	___
tú	___	___
él / ella / usted	___	___
nosotros / nosotras	___	___
vosotros / vosotras	___	___
ellos / ellas / ustedes	___	___

15 El gerundio ▪ Das *gerundio*

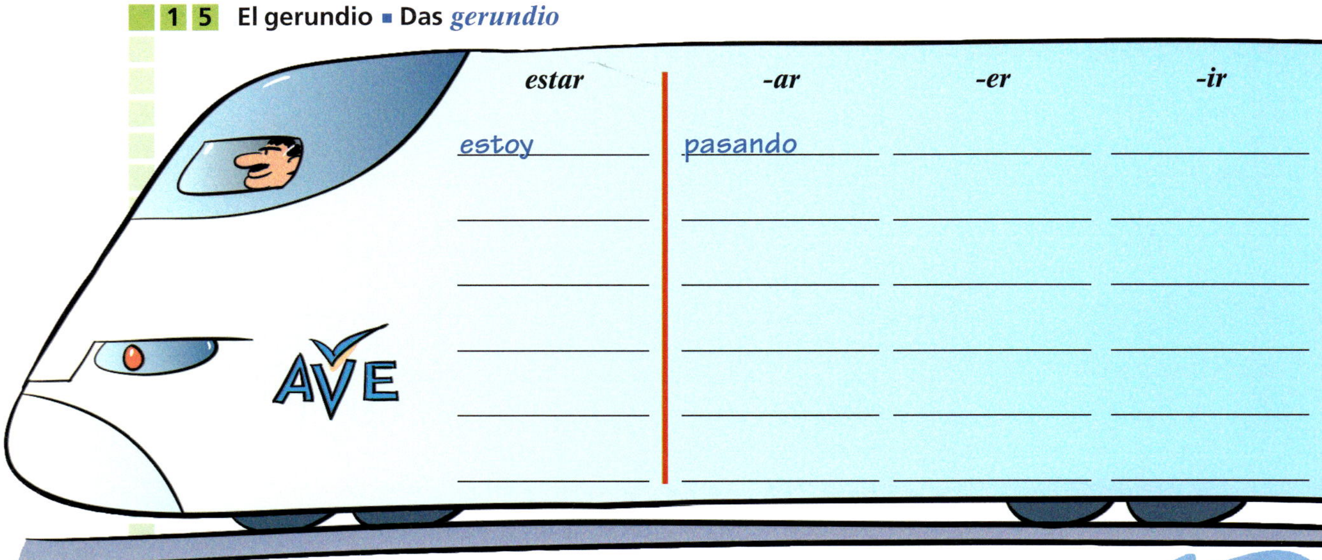

estar	*-ar*	*-er*	*-ir*
estoy	pasando	___	___
___	___	___	___
___	___	___	___
___	___	___	___
___	___	___	___
___	___	___	___

16 El pronombre de complemento indirecto ▪ Das indirekte Objektpronomen

A mí	______	gustas tú.
A ti	______	gustan los animales.
A él / ella / usted	le	gusta el periquito Tito.
A nosotros / nosotras	______	gustan los libros.
A vosotros / vosotras	______	gusta el español.
A ellos / ellas / ustedes	______	gustan las canciones.

17 Los verbos *gustar*, *encantar*, *parecer*

	gustar	*encantar*	*parecer*
A mí	me		
A ti			
A él / ella / usted			
A nosotros / nosotras			
A vosotros / vosotras			
A ellos / ellas / ustedes			

18 Los verbos con diptongación *e → ie* ▪ Verben mit Stammwechsel *e → ie*

	pensar	*empezar*	*querer*	*tener*	*entender*
yo					
tú					
él / ella / usted					
nosotros / nosotras					
vosotros / vosotras					
ellos / ellas / ustedes					
gerundio					

Wie du schon weißt, gibt es im Spanischen zahlreiche häufig gebrauchte Verben, die ihren Stammvokal ändern. Diese Gruppenverben hier ändern ihren Stammvokal **–e-** zu **–ie-** in den stammbetonten Formen, also im gesamten Singular und der 3. Person Plural. Sie behalten den Vokal **–e-** des Infinitivs in den endungsbetonten Formen, also in der 1. und 2. Person Plural.

19 El determinante y el pronombre demostrativo ▪ Der Demonstrativbegleiter und das Demonstrativpronomen

	♂		♀	
Singular	este	alumno	est___	alumna
	es___		es___	
	! aquel		aquella	
Plural	estos	alumnos	est___	alumnas
	es___		esas	
	aquell___		aquell___	

20 *Ofrecer (c → zc)*

	ofrecer
yo	___
tú	___
él / ella / usted	___
nosotros / nosotras	___
vosotros / vosotras	___
ellos / ellas / ustedes	___
gerundio	___

21 El pretérito perfecto ▪ Das *pretérito perfecto*

haber	*-ar*	*-er*	*-ir*
he	hablado	! leído	___
___	___	___	___
___	___	___	___
___	___	___	___
___	___	___	___
___	___	___	___

JUGAR UN PAPEL ▪ EINE ROLLE SPIELEN

Alumno/-a A:

Unidad 3C, ejercicio 18 Sí, ¡diga! Seite 56

Führt ein Telefongespräch. Wenn ihr genug Platz habt, könnt ihr sogar ein Telefon aus zwei ***gut ausgewaschenen*** *Jogurtbechern und einem Faden basteln!*

1. Du rufst deine Freundin / deinen Freund an. Frage zuerst, wie es ihr / ihm geht.
2. Dann fragst du sie / ihn, ob er / sie mit dir heute um 17:30 Uhr ins Kino gehen möchte. Dort läuft ein toller Film (Wähle einen aktuellen Film aus.).
3. Wenn er / sie mitkommen möchte, schlägst du vor, dass ihr euch um 17:10 Uhr vor dem Kino trefft.
4. Dann verabschiedet ihr euch.

Unidad 4B, ejercicio 15, Moda y marcas, Seite 73

Ihr unterhaltet euch über Mode und Marken.

1. Du erzählst deinem/-r Mitschüler/in, dass für dich die Mode und die Marken nicht wichtig sind.
2. Er / sie regt sich auf und erzählt dir, wie er / sie seine / ihre Sachen kombiniert.
3. Dann erzählst du, was du normalerweise trägst. Ganz einfache Kombinationen (mindestens 2).
4. Anschließend sagst du, dass du „du" bist, ohne Marken und verabschiedest dich.

Unidad 4C, ejercicio 4, ¿Cuánto es?, Seite 76

Auf dem Markt.
Du spielst den / die Kunden/-in.

Du bist auf dem Markt und möchtest Obst und Gemüse kaufen. Hier hast du deinen Einkaufszettel. Wenn du alles bekommen hast, fragst du nach dem Preis und bezahlst. Danach bedankst du dich und verabschiedest dich.

Einkaufszettel

1/2 Kilo Kirschen (oder 3 Aprikosen)

5 Tomaten	2 Salate
2 Gurken	4 Äpfel
1/2 Kilo Zwiebeln	3/4 Kilo Käse

Mi año en España, ejercicio 10, ¿Qué has hecho?, El pretérito perfecto, Seite 90

Führt ein Telefongespräch. Ihr könnt wieder euer Telefon aus Jogurtbechern benutzen!

1. Du rufst dein/e Freund/in an. Frage zuerst, wie es ihm / ihr geht und was er / sie am Samstag gemacht hat.
2. Falls er / sie im Kino gewesen ist, fragst du ihn / sie, wie der Film gewesen ist.
3. Erzähle ihm / ihr, dass du am Samstag mit Freunden gefrühstückt hast. Danach habt ihr Sport gemacht und dann zusammen die Hausaufgaben gemacht. Es ist ein schöner Tag gewesen!
4. Dann verabschiedet ihr euch.

JUGAR UN PAPEL ▪ EINE ROLLE SPIELEN

Alumno/-a B:

Unidad 3C, ejercicio 18 Sí, ¡diga! Seite 56

Führt ein Telefongespräch. Wenn ihr genug Platz habt, könnt ihr sogar ein Telefon aus zwei ***gut ausgewaschenen*** *Jogurtbechern und einem Faden basteln!*

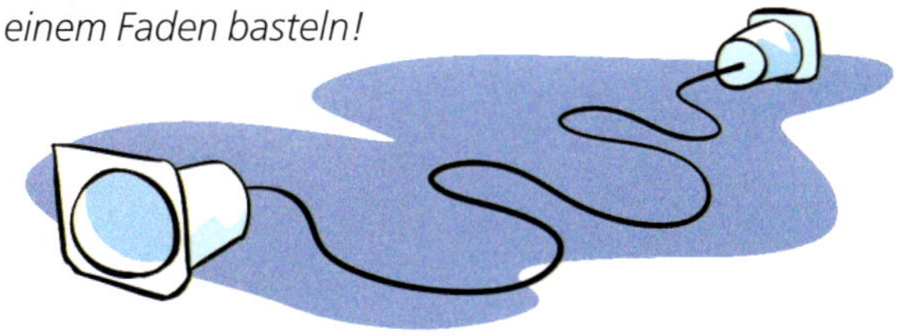

1. Du wirst von deinem Freund / deiner Freundin angerufen. Es geht dir so lala.
   Deine Geschwister sind nicht zu Hause und du weißt nicht, was du machen sollst.
2. Wenn dir dein Freund / deine Freundin ein Programmangebot macht, nimmst du es gerne an.
3. Vergiss dann nicht zu fragen, wo und wann ihr euch trefft.
4. Wenn alles geklärt ist, verabschiedet ihr euch.

Unidad 4B, ejercicio 15, Moda y marcas, Seite 73

Ihr unterhaltet euch über Mode und Marken.

1. Dein/e Mitschüler/in erzählt dir, dass für ihn / sie die Mode und die Marken nicht wichtig sind.
2. Du regst dich auf! Die Mode ist für dich sehr wichtig und du erzählst ihm / ihr, wie du deine Kleidung kombinierst, (mindestens zwei verschiedene Kombinationen von Kleidung und Farben.)
3. Dein/e Mitschüler/in erzählt dir, was er / sie trägt.
4. Am Ende sagst du ihm / ihr, dass du deinen Stil hast und dann verabschiedest du dich.

Unidad 4C, ejercicio 4, ¿Cuánto es?, Seite 76

Auf dem Markt.
Du spielst den / die Verkäufer/in.

Du bist ein/e Verkäufer/in auf dem Markt. Ein/e Kunde/-in kommt zu dir. Du begrüßt ihn/sie ganz höflich und fragst, was er / sie wünscht. Dein/e Kunde/-in bestellt und jedes Mal wiederholst du, was er / sie will. Dazu sagst du auch den Preis und notierst ihn. Dann fragst du wieder, ob er / sie noch etwas möchte. Schließlich fragt dein/e Kunde/-in, wie viel es kostet und du antwortest. Er / sie bezahlt, bedankt sich und ihr verabschiedet euch.
Achtung: Heute gibt es keine Kirschen!

Mi año en España, ejercicio 10, ¿Qué has hecho?, El pretérito perfecto, Seite 90

Führt ein Telefongespräch. Ihr könnt wieder euer Telefon aus Jogurtbechern benutzen!

1. Du wirst von deinem/-r Freund/in angerufen. Es geht dir fantastisch! Am Samstag bist du im Kino gewesen.
2. Im Film gibt es zwei Jugendliche, die nach Spanien gefahren und am Meer gewesen sind. Der Film ist sehr lustig gewesen und er hat dir sehr gefallen.
3. Du fragst deine/n Freund/in, was er / sie am Samstag gemacht hat.
4. Danach verabschiedet ihr euch.

MI PORTAFOLIO DE ESPAÑOL

Mit diesem Sprachenportfolio kannst du deine Spanischkenntnisse und Lernfortschritte dokumentieren. Du kannst diese Seite in diesem Heft lassen oder sie heraustrennen und in einen Portfolio-Ordner / ein Lerntagebuch einheften. Schlage nach jeder ***unidad*** *die* ***Autoevaluación*** *(siehe nächste Seite) auf und markiere deine Lernfortschritte für die Bereiche Hören, Lesen, Sprechen, Schreiben. So kannst du jedes Mal sehen, was du schon dazugelernt hast!*

Nombre: ______________________

Apellido: ______________________

Fecha de nacimiento[1]: ______________________

Mi dirección: ______________________

Clase: ______________________

Mi colegio: ______________________

Aprendo español desde: ______________________

Mi profesor/a de español se llama:

____

Otros idiomas que aprendo:

____

En casa hablo: ______________________

Con mis amigos hablo: ______________________

1 la fecha de nacimiento: Geburtsdatum

EL MUNDO HISPÁNICO

Las cosas que ya sé sobre España / Latinoamérica:

AUTOEVALUACIÓN · SELBSTEINSCHÄTZUNG

EN GENERAL ▪ IM ALLGEMEINEN

Kreuze hier an, wie du dich selber einschätzt. Nach jeder ***unidad*** *kannst du ein Kreuz in einer anderen Farbe machen, sodass du sehen kannst, ob du dich verbessert hast.*

	Unidad 1	Unidad 2	Unidad 3	Unidad 4	Unidad 1	Unidad 2	Unidad 3	Unidad 4	Unidad 1	Unidad 2	Unidad 3	Unidad 4
Meine Mitarbeit:												
Meine Fortschritte:												
Lesen in Spanisch:												
Sprechen in Spanisch:												
Spanisch hören:												
Spanisch schreiben:												

Markiere auf dieser Seite deine Lernfortschritte am Ende jedes Halbjahres. Schätze deine Sprachkenntnisse selber ein und male die spanische Flagge folgendermaßen an:

= Das kann ich schon **ausreichend.**

= Das kann ich schon **sehr gut.**

= Das kann ich schon **gut.**

ESCUCHAR ▪ HÖREN

Ich kann Telefonnummern, Preise und Uhrzeiten verstehen.

Ich kann Fragen über mich, meine Familie, meine Freunde und über meine Hobbys verstehen.

Ich kann die Anweisungen meines/r Lehrers/in im Unterricht verstehen.

Ich kann ein einfaches Gespräch (z. B. über Hobbys oder Kleidung) verstehen.

Ich kann verstehen, wenn sich jemand am Telefon mit mir verabreden möchte.

ESCRIBIR ▪ SCHREIBEN

Ich kann Wörter und Sätze aus dem Buch richtig abschreiben.

Ich kann einen Einkaufszettel schreiben.

Ich kann eine E-Mail schreiben.

Ich kann meinen Namen, meine Adresse und Nationalität aufschreiben.

LEER ▪ LESEN

- Ich kann einfache und kurze Texte zu mir bekannten Themen lesen.
- Ich kann vertraute Namen und Wörter z. B. auf Schildern und Plakaten verstehen.
- Ich kann einfache E-Mails verstehen.
- Ich kann die Arbeits- und Spielanweisungen in meinem Buch verstehen.

HABLAR ▪ SPRECHEN

- Ich kann jemanden begrüßen und fragen, wie es ihm geht.
- Ich kann einfache Fragen stellen und diese auch beantworten.
- Ich kann jemanden nach seinem Namen, seinen Hobbys und seinen Interessen befragen.
- Ich kann mich vorstellen.
- Ich kann mich verabschieden.
- Ich kann sagen, dass ich etwas nicht verstanden habe und um Hilfe bitten.

APRENDER MEJOR ▪ WAS ICH BESSER MACHEN MÖCHTE

Schreibe hier auf, woran du arbeiten möchtest, um deine Spanischkenntnisse zu verbessern.

Datum: ______________________

Was ich noch üben muss / was ich noch besser machen möchte: ______________________

ENCUENTROS, Cuaderno de Actividades 1A

Tándem Unidad 2

So arbeitet ihr mit einem Tandem-Bogen:
Arbeite mit einem Partner. Eine/r von euch ist Alumno/-a A, der / die andere Alumno/-a B.
Ihr faltet das Blatt in der Mitte, sodass jeder von euch nur **seine** *Spalte sehen kann.*
Alumno/-a A fängt an, eine Frage zu stellen, die Alumno/-a B richtig beantworten muss.
Alumno/-a A hat die Lösung für Alumno/-a B und kann die richtige Antwort somit kontrollieren oder Hilfestellung geben. Aber nicht vorsagen!
Dann liest Alumno/-a A den nächsten Satz, sodass ihr insgesamt einen gemeinsamen Dialog erstellt.
Dort, wo Pünktchen stehen, müsst ihr eure persönliche Information ergänzen.
Die letzten Zeilen sind frei, damit ihr euch selber etwas ausdenken könnt.
Nach einem Durchgang tauscht ihr die Rollen und spielt den Dialog noch einmal.

Alumno/-a A

A: Hola, yo me llamo … ¿Cómo te llamas tú?
B: **Me llamo …**

A: ¿Dónde vives?
B: **Vivo** en Alemania.

A: ¿Cuántos años tienes?
B: **Tengo** … años.

A: ¿Tienes hermanos?
B: Sí, **tengo** … / No, no **tengo** …

A: ¿Dónde está tu casa?
B: **Está** enfrente del parque y al lado del supermercado.

A: ¿Cómo es tu barrio?
B: **Es** grande y moderno.

A: ¿Tienes animales?
B: Sí, **tengo** un conejo. **Es** pequeño y muy bonito.

A: ¿Qué haces después del instituto?
B: **Hago** mis deberes y **escucho** música. A veces **salgo** con mis amigos.

A: ¿Cómo es el número de tu móvil?
B: Es el **cero – uno – seis – tres – siete – cinco – cuatro – nueve – ocho – dos**.

A: ______________________________

B: ______________________________

Alumno/-a B

A: Hola, yo me llamo… ¿Cómo te llamas tú?
B: (llamarse) …

A: ¿Dónde vives?
B: (vivir) en Alemania.

A: ¿Cuántos años tienes?
B: (tener) … años.

A: ¿Tienes hermanos?
B: Sí, (tener) … / No, no (tener)…

A: ¿Dónde está tu casa?
B: (estar) enfrente del parque y al lado del supermercado.

A: ¿Cómo es tu barrio?
B: (ser) grande y moderno.

A: ¿Tienes animales?
B: Sí, (tener) un conejo. (ser) pequeño y muy bonito.

A: ¿Qué haces después del instituto?
B: (hacer) mis deberes y (escuchar) música. A veces (salir) con mis amigos.

A: ¿Cómo es el número de tu móvil?
B: Es el 0163 – 754 982.

A: ______________________________

B: ______________________________

Tándem Unidad 3B

Lest euch noch einmal die Übungsanweisungen auf S. 106 durch, bevor ihr diese Tandemübung macht. Mit diesem Tandembogen übst du die Uhrzeiten.

Alumno/-a A

A: Yo me levanto a las seis y media. ¿Y tú?

B: Yo me levanto **a las siete menos veinte**.

A: Yo me ducho por la mañana ¿Y tú?

B: Me ducho **a las ocho** de la noche.

A: ¿A qué hora desayunas?

B: Yo desayuno **a las siete y cinco**.

A: ¿Y cuándo te vas a la escuela?

B: Me voy a eso **de las siete y media**.

A: ¿Y a qué hora llegas?

B: Llego **a las ocho y cuarto**.

A: ¿Tienes clase de español hoy?

B: Sí. Desde **las diez menos diez** hasta **las once menos cuarto**.

A: ¿Y qué hora es ahora?

B: Es la … / Son las …

A: ¿Cuándo tienes que volver a casa?

B: Tengo que volver **a las siete y media**.

A: ¿A qué hora te vas a la cama?

B: Me voy a la cama **a las nueve**.

A: ______________________________

B: ______________________________

A: Muchas gracias. Adiós.

B: (Dein Partner verabschiedet sich auf Spanisch.)

Alumno/-a B

A: Yo me levanto a las seis y media. ¿Y tú?

B: Yo me levanto  .

A: Yo me ducho por la mañana ¿Y tú?

B: Me ducho 20:00 de la noche.

A: ¿A qué hora desayunas?

B: Yo desayuno  .

A: ¿Y cuándo te vas a la escuela?

B: Me voy a eso de  .

A: ¿Y a qué hora llegas?

B: Llego  .

A: ¿Tienes clase de español hoy?

B: Sí. Desde  hasta  .

A: ¿Y qué hora es ahora?

B: Es la... / Son las ...

A: ¿Cuándo tienes que volver a casa?

B: Tengo que volver 19:30 .

A: ¿A qué hora te vas a la cama?

B: Me voy a la cama 21:00 .

A: ______________________________

B: ______________________________

A: Muchas gracias. Adiós.

B: (Verabschiede dich von deinem Partner auf Spanisch.)

Tándem Unidad 3C

Lest euch noch einmal die Übungsanweisungen auf S. 106 durch, bevor ihr diese Tandemübung macht. Mit diesem Tandembogen übst du die Zahlen und die Verben jugar, saber, tener und irse.

Alumno/-a A

A: ¿Cuántos años tienes?

B: Tengo **catorce** años.

A: ¿Y cuántos años tiene tu tío?

B: Mi tío tiene **treinta y nueve** años.

A: ¿Sabes bailar?

B: Sí, **sé** bailar muy bien.

A: ¿Jugáis a videojuegos?

B: Sí, **jugamos** a videojuegos los martes por la tarde.

A: ¿A qué otro deporte juegas?

B: **Juego al baloncesto y juego al tenis.**

A: ¿Sabes jugar al fútbol?

B: Sí, **sé** jugar al fútbol. / No, **no sé** jugar al fútbol.

A: ¿Tienes un grupo favorito?

B: Sí, **tengo** un grupo favorito. **Es** …

A: ¿Cuál es tu número de teléfono?

B: Mi número de teléfono es el **cero – sesenta y nueve – cincuenta y tres – setenta y ocho – veinticuatro**.

A: ¿Tienes que hacer la compra?

B: Sí, **tengo que** hacer la compra y mi hermana **tiene que** hacer los deberes.

A: ¿A qué hora se van tus padres a la cama?

B: **Se van** a la cama a las once y media.

A: ____________________

B: ____________________

Alumno/-a B

A: ¿Cuántos años tienes?

B: Tengo (14) años.

A: ¿Y cuántos años tiene tu tío?

B: Mi tío tiene (39) años.

A: ¿Sabes bailar?

B: Sí, (saber) bailar muy bien.

A: ¿Jugáis a videojuegos?

B: Sí, (jugar) a videojuegos los martes por la tarde.

A: ¿A qué otro deporte juegas?

B: (Jugar al baloncesto, jugar al tenis)

A: ¿Sabes jugar al fútbol?

B: Sí, (saber) jugar al fútbol. / No, no (saber) jugar al fútbol.

A: ¿Tienes un grupo favorito?

B: Sí, (tener) un grupo favorito. (Ser) …

A: ¿Cuál es tu número de teléfono?

B: Mi número de teléfono es el 069 – 53 – 78 – 24.

A: ¿Tienes que hacer la compra?

B: Sí, (tener que) hacer la compra y mi hermana (tener que) hacer los deberes.

A: ¿A qué hora se van tus padres a la cama?

B: (irse) a la cama a las once y media.

A: ____________________

B: ____________________

Tándem Unidad 4C

Las compras
Estás en la tienda. Alumno/-a A es el / la vendedor/-a, alumno/-a B hace la compra. Lest euch noch einmal die Übungsanweisungen auf S. 106 durch, bevor ihr diese Tandemübung macht.

Alumno/-a A

A: (vendedor/-a): Buenos días.

B: Tengo que comprar frutas. **¿Tiene manzanas?**

A: Sí. Tenemos manzanas rojas y verdes.

B: ¿**Cuáles** son buenas?

A: Las rojas son muy buenas. Y no son caras.

B: Bueno, tomo **un kilo de manzanas rojas**.

A: Un kilo de manzanas. ... ¿Algo más?

B: Sí. Necesito **uvas**. **Medio kilo de uvas**, por favor.

A: Medio kilo de uvas. ¿Qué más?

B: **Una botella de zumo de naranja y dos botellas de agua.**

A: Toma. ¿Algo más?

B: **Y dos barras de pan.**

A: También tenemos albaricoques. ¿Te gustan los albaricoques?

B: Sí, los albaricoques **me gustan** mucho. Tomo **medio kilo de albaricoques**.

A: ¿Y qué más?

B: ______________________________

A: ______________________________

B: ______________________________

A: ______________________________

B: Gracias. **¿Cuánto es?**

A: Son 12, 60 € (doce euros, sesenta).

B: **Muchas gracias. Adiós.**

Alumno/-a B

A: (vendedor/-a): Buenos días.

B: Tengo que comprar frutas: ¿(Tener)  ?

A: Sí. Tenemos manzanas rojas y verdes.

B: ¿(qué / cuál/es) ... son buenas?

A: Las rojas son muy buenas. Y no son caras.

B: Bueno, tomo (1kg / manzanas rojas).

A: Un kilo de manzanas. ... ¿Algo más?

B: Sí, necesito  .
(1/2 Kilo / , por favor.

A: Medio kilo de uvas. ¿Qué más?

B:  y 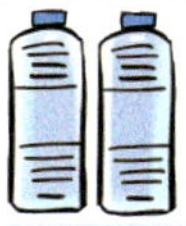 .

A: Toma. ¿Algo más?

B: Y  .

A: También tenemos albaricoques. ¿Te gustan los albaricoques?

B: Sí, los albaricoques (gustar / yo) mucho. Tomo (1/2 Kilo) albaricoques.

A: ¿Y qué más?

B: ______________________________

A: ______________________________

B: ______________________________

A: ______________________________

B: Gracias. (Frage nach dem Preis.)

A: Son 12, 60 €.

B: (Bedanke dich, verabschiede dich.)

Lösungen

1

AUTOCONTROL, P. 17

Wenn du Schwierigkeiten hast:

1

charlar	comprender	escribir
charlo	comprendo	escribo
charlas	comprendes	escribes
charla	comprende	escribe
charlamos	comprendemos	escribimos
charláis	comprendéis	escribís
charlan	comprenden	escriben

ser	tener
soy	tengo
eres	tienes
es	tiene
somos	tenemos
sois	tenéis
son	tienen

Übe noch einmal die Verbfomen mit einem Würfel und deinen Karten aus „*Mi bolso de los verbos*". Jemand anderes (ein Freund, eine Freundin, deine Mutter, dein Vater) kann dich die Verben abfragen. Du kannst auch noch einmal in das Buch auf S. 21/2 schauen.

2

1. la / una plaza – las / unas plazas
2. el / un bocadillo – los / unos bocadillos
3. el / un móvil – los / unos móviles
4. el / un profesor – los / unos profesores
5. la / una chica – las / unas chicas
6. la / una clase – las / unas clases

Lerne noch einmal gut die Artikel der einzelnen Vokabeln. Eine Hilfe ist das Aufschreiben mit verschiedenen Farben: maskuline Artikel (el / los – un / unos) in blau und feminine (la / las – una / unas) in rot. Schaue dir noch einmal S. 20/1 im Buch an.

3

1. ¿Cómo te llamas?	Me llamo Inma.
2. ¿De dónde eres ?	Soy de España.
3. ¿Quién habla alemán?	Susanne habla alemán.
4. ¿Dónde vive?	Vive en Buenos Aires en Argentina.
5. ¿Qué es?	Es zumo de naranja.

4

¡Mira! el ocho, después el diecisiete, el nueve, el dieciséis, el dos, el diez, el quince, el veinte, el trece y el once

Schaue dir im Buch auf S. 146 noch einmal die Schreibweise der Zahlen von 1–20 an. Mache dir kleine Karten und schreibe auf die Vorderseite eine Zahl von 1–20. Auf der Rückseite schreibst du die Zahl in Worten aus. Nun ziehst du eine Karte und schaust nur auf die Vorderseite und schreibst die Zahl in Worten auf einen Zettel. Zur Kontrolle kannst du dann auf die Rückseite der Karte schauen.

2

AUTOCONTROL, P. 34

Wenn du Schwierigkeiten hast:

1

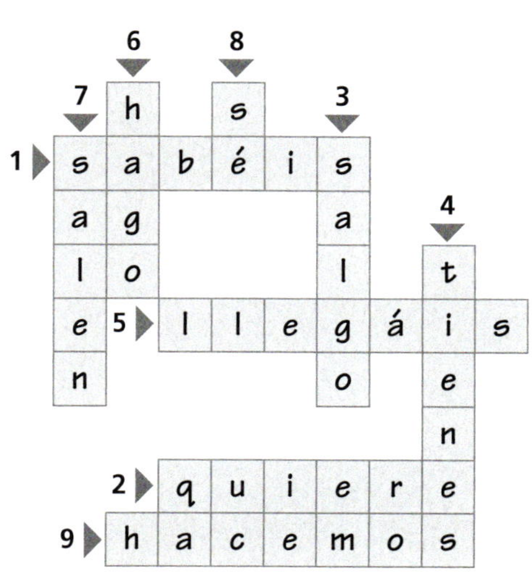

Übe noch einmal die Verbfomen mit einem Würfel und deinen Karten aus „*Mi bolso de los verbos*". Es hilft auch, wenn du die unregelmäßigen Verben mit einer anderen Farbe schreibst. Dann weißt du, welche du besonders gut lernen musst. Jemand anderes kann dich die Verben abfragen. Du kannst auch noch einmal in das Buch auf S. 35 schauen.

2
1. Inma **es** española.
2. Toño **es** simpático.
3. Inma **está** en Madrid.
4. Sus amigos **son** animales grandes.
5. Inma: Hola Toño, ¿cómo **estás**?
6. Toño: Yo **estoy** muy bien, gracias.
7. Inma: ¿Dónde **están** tus libros, Toño?
8. Inma y Toño: Nosotros **somos** tus amigos y **estamos** en el instituto.

Schaue dir im Buch auf S. 35/3.2 noch einmal an, wann man welches Verb verwendet.
So kannst du üben: Richte dir in deinem Heft eine *ser*- und eine *estar*-Seite ein. Schreibe alle Beispielsätze, die du aus dem Buch kennst, auf die jeweilige Seite und ergänze diese Seiten in Zukunft mit neuen Sätzen. Mit der Zeit wirst du ein Gefühl dafür bekommen, wann man welches Verb benutzt. Dies ist ein schwieriges Thema, also hab' Geduld und wiederhole alles regelmäßig!

3
1. **Haced** vuestros deberes.
2. **Leed** vuestros libros en casa.
3. **Hablad** con los profesores.
4. **Escuchad** música en español.
5. **Tened** cuidado con los verbos.
6. **Escribid** mensajes en español.
7. **Aprended** las palabras.

Schaue dir im Buch auf S. 35/4 und in der Grammatiktabelle auf S. 96 noch einmal an, wie man die Imperativformen bildet. Bei den unregelmäßigen Formen hilft leider nur häufiges Üben!

4
1. Su armario es moderno.
2. Nuestro escritorio es pequeño.
3. Vuestra gata es curiosa.
4. Tu pez es aburrido.
5. Mis tortugas son divertidas.

Bevor du dich für eine Adjektivendung entscheidest, schaue dir genau an, auf welches Substantiv sich das Adjektiv bezieht. Wenn es dir hilft, unterstreiche feminine Substantive in **rot** und maskuline in blau. Überlege dann, ob es sich um eine (Singular) oder mehrere Sachen (Plural) handelt. Schreibe dann erst die richtige Adjektivendung hin. Schaue dir im Buch S. 34/2 noch einmal an.

AUTOCONTROL, P. 59/60

Wenn du Schwierigkeiten hast:

1

vais	puedes	juegan
va	podéis	juego
sabes	puedo	pueden
jugamos	vas	puede
ponéis	juegas	podemos
sabéis	ponemos	juega
van	pones	sabemos
sabe	sé	jugáis
pongo	pone	vamos
ponen	saben	voy

Übe noch einmal die Verbformen mit einem Würfel und deinen Karten aus *„Mi bolso de los verbos"*. Es hilft auch, einen kleinen Karteikasten anzulegen, in den du alle (schwierigen) unregelmäßigen Verben einordnest. Für jedes Verb sollst du dann eine Karte haben, auf der du alle bereits gelernten Formen des Verbs aufgeschrieben hast. Dann wiederholst du die Verben in regelmäßigen Abständen so, wie du es mit Vokabeln machst.
Wenn du dir unsicher bist, schaue dir noch einmal die Seiten im Buch (S. 21, 35, 50) und im *Anexo* in diesem Arbeitsheft (S. 94–98) an.

2 se levanta, se levantan, se van, se quedan, nos duchamos, ducharse, os vais, se van, se va

Schaue dir die Formen der Reflexivverben noch einmal an: Im Buch auf der S. 50/1 und im diesem Arbeitsheft im *Anexo* (S. 97). **Lerne die Formen auswendig** und lass dich von deinem Freund /deiner Freundin oder von deinen Eltern abfragen. Auch für die schwierigen Reflexivverben, vor allem für die unregelmäßigen, kannst du eine Karte in deinem Verbkästchen anlegen.

3
1. Toño **sabe** jugar al fútbol muy bien, pero ahora no **puede** jugar.
2. El perro no **puede** leer el libro porque no **sabe** leer.
3. El periquito **sabe** hablar, pero no **puede** hablar muy bien.
4. La chica no **sabe** jugar al tenis.

Wenn dir der Unterschied zwischen *poder* und *saber* immer noch nicht ganz klar ist, schaue dir die Erklärung dazu in diesem Arbeitsheft (S. 97) an. Solltest du es auch danach nicht ganz verstanden haben, frage noch einmal deinen Lehrer / deine Lehrerin!

Wenn du zwar das richtige Verb, aber eine falsche Form benutzt hast, musst du die Präsensformen beider Verben noch einmal wiederholen (oder neu lernen). Das Verb *saber* findest du im Buch (S. 35/3.1), das Verb *poder* im Buch auf der S. 50/1.2. Wenn du einen Verbkarteikasten hast, lege für beide Verben eine Karte an. Zum Schluss solltest du dich abfragen lassen.

4 En el barrio de Luisa hay **muchos** parques y **mucha** marcha. También hay **muchas** plazas. Cerca de la calle hay **pocos** institutos, sólo uno detrás de su casa. En Lavapiés hay **muchas** tiendas. También hay una piscina detrás de su casa y **otra** cerca de la estación del metro. Pero Luisa no puede ir a la piscina, porque tiene **mucho** trabajo y muy **poco** tiempo libre.

Lies dir die Erklärung im Buch S. 51/2 und in diesem Arbeitsheft (S. 98) noch einmal durch. Wenn dir die Erklärung nicht weiterhilft, musst du die Regel, wie die Formen von Adjektiven verändert werden, wiederholen: Alles dazu findest du im Buch (S. 34/2). Anschließend sollst du noch üben:
Schreibe zehn verschiedene Substantive im Singular (mit Artikel) untereinander auf ein Blatt.
Unterstreiche die männlichen Substantive blau, die weiblichen rot. Schreibe dann vor jedes dieser Substantive die richtige männliche oder weibliche Form von *mucho/mucha*.
Anschließend schreibe von jedem der zehn Substantive die Pluralform auf, wenn dies möglich ist. Unterstreiche die männlichen Substantive blau, die weiblichen rot. Vor jedes dieser Substantive schreibe dann die richtige männliche oder weibliche Form von *muchos/muchas*.

5
1. Busco mi libro.
2. Veo **a** Niko, el amigo de Nina.
3. Eva espera **a** Luisa delante de la casa.
4. Cada día escucho música.
5. Tengo que llamar **a** mi amigo Carlos.
6. ¿Tienes muchos amigos?
7. Tengo dos hermanos.

Lies dir die Erklärung im Buch (S. 51/3) noch einmal durch. Wenn du Fehler in den letzten zwei Sätzen gemacht hast, hast du wahrscheinlich nicht an die Ausnahme von *tener* gedacht (die Präposition ***a*** steht nie nach *tener*!).

Und so kannst du noch weiter üben: Schreibe fünfzehn verschiedene Verben auf verschiedene Kärtchen. Auf andere Kärtchen schreibst du dann verschiedene Substantive (Personen, Tiere, Sachen). Dann ziehst du jeweils eine Verbkarte und eine Substantivkarte aus den Stapeln und verbindest sie zu einem Satz:
ver – una casa: Veo una casa en la plaza.
*llamar – un amigo: Llamo **a** un amigo por teléfono.*

4

AUTOCONTROL, P. 84–86

Wenn du Schwierigkeiten hast:

1
1. Madrid es una ciudad muy **grande**.
2. Es una **buena** idea.
3. Él tiene un **mal** gusto.
4. *Los Monos* son un **gran** grupo.
5. A mí me gustan los libros **interesantes**.
6. ¿Dónde está vuestro jersey **nuevo**?
7. Yo estoy **contento/-a** en la fiesta.
8. Carmen y Luis están **hartos**.

Wenn du Probleme mit den Sätzen 1–4 hattest, wiederhole noch einmal die Regel für die Verkürzung der Adjektivformen (Buch, S. 67/3).
Wenn du Probleme mit den Sätzen 5–6 hattest, wiederhole noch einmal die Regel für Adjektive im Spanischen (Buch, S. 34/2).
Wenn du Probleme mit den Sätzen 7–8 hattest, frage deinen Lehrer noch einmal, wie die Struktur ***estar + Adjektiv*** gebildet wird und welche Bedeutung sie hat.
Solltest du jedoch nur die Endungen in diesen Sätzen falsch gebildet haben, dann musst du eher die Regel für Adjektive im Spanischen wiederholen (Buch, S. 34/2).

2 Lösungsvorschläge:
1. Es un chico alemán que no habla español.
2. La chica que lleva el vestido rojo es Carmen.
3. Somos los alumnos buenos que siempre estudian mucho.
4. Son las profesoras que siempre están charlando.
5. Los zapatos que llevas no me gustan.
6. ¿Dónde está el pantalón negro que me gusta?

Diese Übung könnte dir verschiedene Probleme bereiten. Solltest du nur das Relativpronomen falsch eingesetzt haben, schaue dir noch einmal das Beispiel im Buch, S. 67/7, an.
Wenn du falsche Verbformen verwendet hast, übe die Konjugation des Verbs im Buch, S. 149–152.
Wenn du andere Fehler hattest, sprich darüber mit deinem/-r Lehrer/in. Er / Sie wird dir erklären, was du falsch gemacht hast und wie du weiter üben sollst.

3
1. A ti, ¿qué **te** encanta? – **Me** encantan las películas.
2. ¿Qué **le** compras a tu padre? – **Le** compro una camisa nueva.
3. No vamos al teatro hoy. **Nos** parece aburrido.
4. Vosotros siempre vais al cine. ¿**Os** parece interesante?
5. A ti no **te** gustan las manzanas, ¿verdad?
6. Oye, A Carlos y a ti ¿**os** gusta el cd?
7. A Laura y a Vero el tema **les** parece fuerte.

Wiederhole noch einmal das indirekte Objektpronomen (Buch, S. 67/4 und *Cuaderno*, *Anexo* S. 99) sowie den Gebrauch der Verben *gustar*, *encantar*, *parecer* (Buch, S. 66/1). Wenn du dir sicher bist, dass du die Formen gut gelernt hast und den Gebrauch richtig verstanden hast, gehe noch einmal alle Übungen zu diesem Thema im *Cuaderno* durch. Es ist ganz wichtig, dass du den Gebrauch der Pronomina sicher beherrschst. Solltest du danach noch immer Schwierigkeiten haben, bitte deine/n Lehrer/in um Hilfe.

4
1. camiseta 2. chaqueta 3. falda 4. vaqueros
5. vestido 6. camisa 7. sudadera 8. jersey
9 zapatos 10. zapatillas 11. pantalones

Sollten sich hier Vokabellücken aufgetan haben: Hilfe findest du in der Vokabelliste auf den Seiten 118–119.

5
1. Los españoles **cenan** tarde, los alemanes temprano.
2. ¿Por qué no **estás leyendo** ahora? –Yo siempre **leo** mucho, pero ahora **estoy escuchando** música.
3. ¡Papá, teléfono! – No puedo hablar ahora, **estoy trabajando**.
4. Chicos, ¿qué **hacéis / estáis haciendo** allí? – Ahora **estamos escuchando** música.
5. ¿A qué hora **vuelves** papá? – A las cinco de la tarde. Siempre **vuelvo** a esa hora.
6. Profesor: Pedro, ¿qué **estás haciendo** ahora? ¿**Estás hablando**?
   Pedro: No profesor, no **estoy hablando**.

Wenn du die Zeit richtig eingesetzt hast, aber Schwierigkeiten mit den einzelnen Verbformen hattest, schaue dir die Formen der einzelnen Verben an: Im *Cuaderno*, S. 94–95 (*Anexo*) findest du die Verbformen vom *presente simple*. Im Buch, S. 67/2, kannst du dann die Formen des *gerundio* noch einmal wiederholen. Die Formen musst du auswendig lernen! Lass dich dann von einem/-r Freund/in oder deinen Eltern abfragen.
Wenn du *presente simple* mit *estar* + *gerundio* vertauscht hast, gehe die Sätze in der Übung noch einmal durch und überlege, welche Situation in diesen Sätzen beschrieben wird: Ist es eine allgemeine Aussage über Gewohnheiten, also wird etwas beschrieben, was normalerweise gilt und nicht gerade jetzt passiert, musst du das *presente simple* verwenden. Es hilft, wenn du vor dem Einsetzen der Verben die Sätze je nach Zeit in zwei verschiedenen Farben unterstreichst.

6

a pensar / empezar, ofrecer / parecer, poder / volver

b

pensar	**empezar**	**ofrecer**
pienso	empiezo	ofrezco
piensas	empiezas	ofreces
piensa	empieza	ofrece
pensamos	empezamos	ofrecemos
pensáis	empezáis	ofrecéis
piensan	empiezan	ofrecen
pensando	empezando	ofreciendo

parecer	**poder**	**volver**
parezco	puedo	vuelvo
pareces	puedes	vuelves
parece	puede	vuelve
parecemos	podemos	volvemos
parecéis	podéis	volvéis
parecen	pueden	vuelven
pareciendo	pudiendo	volviendo

Übe noch einmal die Verbformen mit einem Würfel und deinen Karten aus „*Mi bolso de los verbos*". Wenn du bereits einen Karteikasten mit unregelmäßigen Verben hast, wiederhole alle Verben in regelmäßigen Abständen so, wie du es mit den Vokabeln machst.
Wenn du dir unsicher bist, schaue dir das Kapitel *Los verbos* auf den Seiten 149–152 im Buch und im *Cuaderno* (S. 94–98) an. Mit einem Freund / einer Freundin kannst du die schwierigen Verben auch in Form eines „verbalen Pingpongs" üben: Ihr sagt abwechselnd die Singular- und Pluralformen auf.

LÖSUNGEN, UNIDAD 3A, P. 45

15 **¿De cuándo?**
el caballero 1170, el coche 1886, el cohete 1962, el globo 1783, el ordenador 1946, el libro 1456, el euro 2002.

VOCABULARIO

LISTA CRONOLÓGICA

Symbole und Abkürzungen

~ bezeichnet die Lücke, in die das neue Wort einzusetzen ist
= bezeichnet Wörter und Wendungen mit gleicher oder ähnlicher Bedeutung
≠ bezeichnet Wörter und Wendungen mit gegensätzlicher Bedeutung
1 bezeichnet ein Wort, das angeglichen werden muss. Die richtige Form steht auf Seite 119.

adj.:	adjetivo, Adjektiv	*Inf.:*	Infinitiv
Adj.:	Adjektiv	*ing.:*	inglés, englisch
adv.:	adverbio, Adverb	*interj.:*	interjección, Interjektion
alg.:	alguien, jemand/en/-m/-s	*jdm.:*	jemandem
a/c:	alguna cosa, algo, etwas	*jdn.:*	jemanden
best. / unbest. Art.:	bestimmter / unbestimmter Artikel	*lat.am.:*	latinoamericano, lateinamerikanisch
cf.:	confer (compara, vergleicht)	*m.:*	masculino, Maskulin
etw.:	etwas	*pl.:*	plural, Plural
f.:	femenino, Femininum	*prep.:*	preposición, Präposition
fam.:	familiar, umgangssprachlich	*sg.:*	singular, Singular
Imp.:	Imperativ	*Sg.:*	Singular
inf.:	infinitivo, Infinitiv	(u → ue)	Verb mit Stammwechsel
		ugs.:	umgangssprachlich

mi	mein, meine	
la página	die Seite	
¡Hola!	Hallo	
yo soy	Ich bin	¡Hola ~ Inma!
ser (yo soy)	sein	
tu	dein, deine	
el amigo / la amiga	der / die Freund/in	
nuevo/-a	neu	Soy Inma, soy tu amiga ~[1].
un / una	ein/e *unbest. Art. Sg.*	
el / la conejo/-a	das Kaninchen	
me llamo	ich heiße	
llamarse	heißen	
de	von, aus	
España	Spanien	
Soy de España.	Ich komme aus Spanien.	
vivo en	ich wohne in	Soy de España, ~ Madrid.
vivir	leben, wohnen	
en	in, auf, an	
y	und	
el / la mono/-a	der Affe, die Äffin	Toño es un ~[2].
tú	du	
¿Y tú?	Und du?	
¿cómo?	wie?	
te llamas	du heißt	
¿Cómo te llamas?	Wie heißt du?	
¿de dónde?	Woher?	
eres	du bist	
¿De dónde eres?	Woher kommst du?	Toño: ¿~? – Soy de Veracruz.
¿dónde?	Wo?	
vives	du wohnst	
¿Dónde vives?	Wo wohnst du?	
la clase	die Klasse, der Unterricht	
el colegio	die Schule	
el / la profesor/a	der / die Lehrer/in	
él	er	
es	er / sie / es ist	
se llama	er / sie heißt	Él es un mono y ~ Toño.
vive	er / sie wohnt	
ella	sie	

la mamá	die Mama	
el papá	der Papa	
¡Buenos días!	Guten Morgen!, Guten Tag!	
¿Qué tal?	Wie geht's?	
hoy	heute	
muy	sehr	
bien *adv.*	gut	
así, así	so, so	
mal	schlecht	
¡Adiós!	Tschüss!, Auf Wiedersehen!	≠ ¡Buenos días!
¡Hasta luego!	Bis nachher!, Auf Wiedersehen!	
la ventana	das Fenster	
la	die *best. Art. F. Sg.*	
el libro (de español)	das Buch, (Spanischbuch)	
el	der *best. Art. M. Sg.*	
el / la alumno/-a	der / die Schüler/in	
la silla	der Stuhl	
el ordenador	der Computer	
la puerta	die Tür	
la mesa	der Tisch	
el estuche	die Federtasche, das Etui	
el cuaderno	das Heft	*cf.* el libro
la pizarra	die Tafel	
la tiza	die Kreide	*cf.* la pizarra
el lápiz	der Bleistift	
el bolígrafo	der Kugelschreiber	
¿Cómo se dice «…» en español?	Was heißt „…" auf Spanisch?	
Se dice «…» en español	Man sagt „…" auf Spanisch.	
Perdón, no lo entiendo, otra vez por favor.	Entschuldigen Sie, ich verstehe es nicht, noch einmal bitte.	
¿En qué página está?	Auf welcher Seite ist es?	
Está en la página 4.	Es ist auf Seite 4.	
¡Más alto, por favor!	Lauter, bitte!	

Alemania *f. sg.*	Deutschland	
estudiar a/c	etw. lernen, studieren	
el instituto	das (staatliche) Gymnasium	
el recreo	die Pause *Schule*	
charlar	plaudern	
con	mit	
después de	nach, danach *zeitlich*	
ellos/-as	sie *3. Pers. Pl.*	
tomar a/c	etw. nehmen *hier:* trinken	
algo	etwas	
la plaza	der Platz	
nosotros/-as	wir	
hablar	sprechen *cf.* charlar	
el alemán	Deutsch *hier:* Sprache	Es de Alemania y habla ~.
también	auch	
el español	Spanisch *hier:* Sprache	Vive en España y habla ~.
no	*hier:* nein	
nos llamamos	wir heißen	
el balón	der Ball	
el teatro	das Theater	
la televisión	das Fernsehen	
el teléfono	das Telefon	
la pizza	die Pizza	
la radio	das Radio	
el hotel	das Hotel	
el autobús	der Bus	

ENCUENTROS, Cuaderno de Actividades 1A

1 B

¿qué?	was?	– ¿~ hablas? – Alemán, yo soy de Alemania.
leer a/c	etw. lesen	Susanne ~[3] en alemán y en español.
el mensaje	die Nachricht, Botschaft	– ¿Qué lees? – Leo un ~.
pero	aber	
comprender a/c	etw. verstehen	
¡Fenomenal!	fabelhaft!, super!	= muy bien / Hola Anne, ¿qué tal? ~ ¿Y tú?
el cómic, los cómics *pl.*	der Comic	
ver a/c	etw. sehen	– ¿Qué ~[4]? – El libro
la tele = la televisión	das Fernsehen	*ing.:* television
todo	alles	
mirar a/c	etw. (an)schauen, (an)sehen	= ver a/c
comer a/c	etw. essen	
el bocadillo	das belegte Brötchen	
el pastel	der Kuchen	
el queso	der Käse	
beber	trinken	
el zumo de naranja	der Orangensaft	Yo bebo un ~.
el jamón, los jamones *pl.*	der Schinken	
la tapa	*hier:* Vorspeise, kleine Portion	
la coca cola	die Cola	
el agua *f. sing.*	das Wasser	

1 C

la carta	der Brief	*cf.* el mensaje
electrónico/-a	elektronisch	
querido/-a	liebe/r *hier: Anrede Brief*	
tener a/c, yo tengo	etw. haben	
13 = trece	dreizehn	
el año	das Jahr	
tener … años	… Jahre alt sein	
aprender a/c	etw. lernen	
escribir a/c	etw. schreiben	≠ leer / Roberto ~[5] mensajes en el móvil.
dos	zwei	
el idioma	die Sprache	
muchos amigos	viele Freunde	
¿cuántos /-as?	wie viel/e?	
¿cuántos años tienes?	wie alt bist du?	
el centro	das Zentrum	
mis	meine *Pl.*	
los padres	die Eltern	
¿Verdad?	*hier:* Stimmt's?	Tú eres de Santiago, ¿~?
el animal (doméstico)	das Tier, Haustier	
la cabra	die Ziege	
la tortuga	die Schildkröte	
el / la perro/-a	der Hund, die Hündin	Niko es un ~[6].
el / la gato/-a	der Kater, die Katze	Nina es una ~[7].
el periquito	der Wellensittich	
el hámster	der Hamster	
el pez, los peces *pl.*	der Fisch	
el caballo	das Pferd	

2

la familia	die Familie	*ing.:* family
éste/-a es	diese/r ist, das ist	~[8] mi hermana Nuria.
la madre	die Mutter	
el padre	der Vater	
mayor	*hier:* groß, ältere Geschwister	Álvaro es el hermano ~ de Toño.
pequeño/-a	klein	La hermana ~[9] se llama Clara.
los abuelos	die Großeltern	Los ~ son los padres de mis padres.
el abuelo, la abuela	der Großvater, die Großmutter	
el hijo, la hija	der Sohn, die Tochter	

2 A

su / sus *pl.*	sein/e, ihr/e / seine / ihre *Pl.*	Éste es Roberto con ~ familia
tranquilo/-a	ruhig	
el e-mail, los e-mails *pl.*	die E-Mail	
favorito/-a	Lieblings-	Pati es mi hermana ~[10].
tus	deine *Pl.*	

2 B

la habitación	das Zimmer	
el sillón	der Sessel	
el escritorio	der Schreibtisch	*cf.* escribir
la lámpara	die Lampe	*ing.:* lamp
la cama	das Bett	
el armario	der Schrank	
la estantería	das Regal	
el cd, los cds *pl.* = disco compacto	die CD	
el póster	das Poster	
la cadena de música	die Stereoanlage	
estar, yo estoy	sein	Soy de Chile y ~ en Madrid.
a la derecha (de a/c) *adv./prep.*	rechts (von)	
al lado (de a/c) *adv./prep.*	neben	
encima (de a/c) *adv./prep.*	darauf, auf	– ¿Donde está el libro? – Está ~ la cama.
debajo (de a/c) *adv./prep.*	darunter, unter	Los cds están ~ la estantería.
a la izquierda (de a/c) *adv./prep.*	links (von)	

2 C

la calle	die Straße	
enfrente (de a/c) *adv./prep.*	gegenüber	*ing.:* in front of
Correos (oficina de correos)	das Postamt	
el cine	das Kino	El jueves por la noche hay ~.
el parque	der Park	*ing.:* park
la estación de metro	die U-Bahn-Station	
detrás (de a/c) *adv./prep.*	hinter	
delante (de a/c) *adv./prep.*	davor, vor *örtlich*	
guay *fam.*	toll, super	= muy bien / Para Nuria, estudiar es ~.
la piscina	das Schwimmbad	
divertido/-a	lustig, unterhaltsam	≠ aburrido
entre	zwischen	
el supermercado	der Supermarkt	
hacer la compra	einkaufen gehen	
la tienda	der Laden	

3

ochenta	achtzig	
cien	hundert	
cuarenta	vierzig	
cincuenta	fünfzig	
sesenta	sechzig	
treinta	dreißig	
el cero	Null	
viejo/-a	alt	
el teléfono	das Telefon, *hier:* Telefonnummer	Mi ~ es el 6677100.
el número	die Nummer, Zahl	*ing.:* number
largo/-a	lang	La Calle de Alcalá es la más ~[11] de Madrid.
el color	die Farbe	*ing.:* colour
negro/-a	schwarz	
blanco/-a	weiß	≠ negro
amarillo/-a	gelb	
azul	blau	
rojo/-a	rot	
verde	grün	
marrón	braun	
gris	grau	

3 A

el abecedario	das Alphabet	
la geografía	die Geographie	
el hacha	die Axt	
la hache	das „h" *Buchstabe*	
el juego	das Spiel	
la jota	das „j" *Buchstabe*	
la llama	das Lama *Tier*	
la elle	das „ll" *Buchstabe*	
la eñe	das „ñ" *Buchstabe*	
la uva	die Traube	
la uve	das „v" *Buchstabe*	
la uve doble	das „w" *Buchstabe*	
la i griega	das „y" *Buchstabe*	
el zorro	der Fuchs	
la zeta	das „z" *Buchstabe*	
el deporte	der Sport	
jugar (a) (u → ue, yo juego)	spielen	Los chicos ~[12] con el balón en el estadio.
el fútbol	der Fußball	*ing.*: football
el baloncesto	der Basketball	
el tenis	das Tennis	
el tenis de mesa	das Tischtennis	
el voleibol	das Volleyballspiel	
el balonmano	das Handballspiel	
el videojuego	das Computerspiel	

3 B

¿Qué hora es?	Wie spät ist es?	¿ ~ ? – Son las ocho y media.
menos	weniger, *hier:* vor *Uhrzeit*	Son las once ~ diez.
el reloj	die Uhr, Armbanduhr	
levantarse	aufstehen	
ducharse	sich duschen	
desayunar a/c	etw. frühstücken	
cenar a/c	etw. zu Abend essen	*cf.* comer
irse a la cama	schlafen gehen	≠ levantarse por la mañana.
irse	gehen, weggehen	*cf.* ir (a)

3 C

mucho/-a	viel/e	¡Quiero ~[13] bocadillos!
poco/-a	wenig/e	≠ mucho/-a

4

gustar a alg.	gefallen (jdm.)	Me ~[14] aprender español.

4 A

pasar a/c	etw. passieren, geschehen	
a tope	*hier:* sehr laut *ugs.*	Siempre pone la música ~.

4 B

el centro comercial	das Einkaufszentrum	
divertirse	sich amüsieren	
llevar a/c	tragen (etw.)	*cf.* ponerse a/c
la ropa	die Kleidung	
el vestido	das Kleid	
el zapato	der Schuh	
sencillo/-a	einfach	Me gusta la ropa ~[15].
las gafas (de sol)	die Brille, Sonnenbrille	
la falda	der Rock	
la camiseta	das T-Shirt	

naranja	orange, die Orange	
los vaqueros *pl.*	die Jeans	
el jersey	der Pullover	
la gorra	die Mütze	
las zapatillas de deporte	die Sportschuhe, Turnschuhe	
la camisa	das Hemd	*cf.* la camiseta
el pantalón, los pantalones *pl.*	die Hose	*cf.* los vaqueros
el sombrero	der Hut	
elegante	elegant	≠ sencillo/-a
la chaqueta	die Jacke	
la blusa	die Bluse	
¿Puedes ayudarme?	Kannst du mir helfen?	
¿Es correcto o es falso?	Ist das richtig / falsch?	
Primero te toca a ti. Después le toca a él / ella.	Zuerst bist du dran. Danach ist er / sie dran.	
Lo siento, no lo he hecho a propósito.	Tut mir Leid, das habe ich nicht mit Absicht getan.	

la fruta	das Obst, die Frucht	
la verdura	das Gemüse	
la manzana	der Apfel	
el plátano	die Banane	
la cereza	die Kirsche	
el albaricoque	die Aprikose	
el melocotón	der Pfirsich	
la pera	die Birne	
la lechuga	der Kopfsalat	
el tomate	die Tomate	
el pepino	die Gurke	
el pimiento	die Paprika	
la cebolla	die Zwiebel	
el pan	das Brot	
la barra de pan	der Brotlaib, das Baguette	
el kilo	das Kilo	Quiero medio ~ de queso.
cada uno/-a	jede/r Einzelne	
el euro	der Euro	*cf.* el dinero
el céntimo	der Cent	
el mercado	der Markt	*cf.* la tienda
el / la vendedor/a	der / die Verkäufer/in	
la lista de la compra	der Einkaufszettel	
¿Algo más?	Noch etwas? *Einkaufen*	
tres cuartos (de a/c)	750 Gramm, *eig.:* drei Viertel	
¿Cuánto es?	Wie viel ist das?	¿ ~ ? – Son tres euros.

el diario	das Tagebuch	*cf.* el libro
por eso	deshalb	
las vacaciones	die Ferien, der Urlaub	*cf.* tener libre, tiempo libre

1 nueva 2 mono 3 lee 4 ves 5 escribe 6 perro 7 gata 8 ésta es 9 pequeña 10 favorita 11 larga 12 juegan 13 muchos 14 gusta 15 sencilla

LISTA ALFABÉTICA

* verweist auf unregelmäßige Verben, Gruppenverben und auf Verben, bei denen auf orthografische Besonderheiten zu achten ist, siehe Los Verbos, Schulbuch, S. 149ff.

Grundschrift = obligatorischer Wortschatz
kursiv = fakultativer Wortschatz

1A = Fundstelle im Cuaderno
1A = Fundstelle im Schulbuch

A

a nach, zu 2
a eso de … gegen … Uhr, ungefähr um … *Uhrzeit* 3B
a las …um … Uhr, *Uhrzeit* 3B
a tiempo rechtzeitig 4C
a tope *hier:* sehr laut 4A/4A
a veces manchmal 1C
a ver Mal sehen! 1B
el **abecedario** das Alphabet 3A
el / la **abuelo/-a** der Großvater, die Großmutter 2/2
los **abuelos** die Großeltern 2/2
aburrido/-a langweilig 2B
la **actividad** die Aktivität 4C
activo/-a aktiv 4
actual aktuell 4B
además außerdem 3C
¡Adiós! Auf Wiedersehen! 0/0
¿adónde? wohin? 3C
el **aeropuerto** der Flughafen 2
el **agua** *f.* das Wasser 1B
el ***aguacate*** die Avocado Op1
ahí dort Op1
ahora jetzt 1C
al *a + el* 2B
al lado (de a/c) *adv./prep.* neben 2B/2B
el **albaricoque** die Aprikose 4C
el **alemán** Deutsch *hier: Sprache* 1A/1A
Alemania *f. Sg.* Deutschland 1A/1A
algo etwas 1A/1A
¿Algo más? Noch etwas? *Einkaufen* 4C/4C
alguien jemand 3C
allí dort 2A
alto/-a hoch, laut 4A
la ***altura*** die Höhe Op1
el / la **alumno/-a** der / die Schüler/in 0
amarillo/-a gelb 3/4B
el **ambiente** die Umgebung 4C
América Latina Lateinamerika 1C
el / la **amigo/-a** der / die Freund/in 0/1A
el **amor** die Liebe 4
andino/-a aus den Anden Op1
el **animal (doméstico)** das Tier, Haustier 1C
el **año** das Jahr 1C/2A
el **apellido** der Nachname 3A
aprender a/c etw. lernen 1C/1C
apuntar a/c etw. aufschreiben 3
aquel/aquella jene/r 4C
aquí hier 1A
el **armario** der Schrank 2B/2B
así, así so, so 0
el **autobús** der Bus 1A
el **avión** das Flugzeug 4
el ***aimara*** Aymara *Sprache* Op1
el ***azúcar*** *f.* der Zucker Op1
azul blau 3/4B

B

bailar tanzen 1B
bajar *hier:* etw. leiser stellen 4A
el **balón** der Ball 1A
el **baloncesto** der Basketball 3A
el **balonmano** das Handballspiel 3A
el **baño** das Badezimmer 2B
la **barra de pan** der Brotlaib, das Baguette 4C
el **barrio** das Stadtviertel 2A
bastante *adv.* ziemlich viel 1B
beber trinken 1B
bien *adv.* gut 0/0
blanco/-a weiß 3/4B
blusa die Bluse 4B
el **bocadillo** belegtes Brötchen 1B/4C
el **bolígrafo** der Kugelschreiber 0
bonito/-a schön, hübsch 2A
la ***botella*** die Flasche 4C
buen tiempo schönes Wetter 4C
bueno/-a gut 4B
¡Buenos días! guten Morgen!, guten Tag! 0/0
buscar a/c etw. suchen 3

C

el **caballo** das Pferd 1C
la **cabra** die Ziege 1C
cada vez jedes Mal 4C
cada vez hay más immer mehr 4C
cada uno/-a jede/r Einzelne 4C
la **cadena de música** die Stereoanlage 2B
la **cafetería** das Café 3B
la **calle** die Straße 2C/2C
la **cama** das Bett 2B/2B
la **camisa** das Hemd 4B/4B
la **camiseta** das T-Shirt 4B/4B
el **campo** das Feld, das Land 4
la **canción** das Lied 4A
la ***canoa*** Kanu Op1
caribeño/-a karibisch Op1
caro/-a teuer 2A
la **carta** der Brief 1C/1C
la **casa** das Haus, die Wohnung 2A
a casa nach Hause 2C
la **casa rural** ländliches Anwesen 4C
casi fast Op1/4C
el **cd, los cds** *pl.* **= disco compacto** die CD 2B/2B
la **cebolla** die Zwiebel 4C
celebrar a/c etw. feiern 4C
cenar a/c etw. zu Abend essen 3B/3B
el **céntimo** der Cent 4C
el **centro** das Zentrum 1C/3C, **(comercial)** das Einkaufszentrum 4B
cerca (de a/c) *adv./prep. hier:* in der Nähe von 1C
la **cereza** die Kirsche 4C
el **cero** Null 3
el **chándal** der Jogginganzug 2B
chao Tschüss 3C
la **chaqueta** die Jacke 4B/4B
el ***charango*** *lat.am. Musikinstrument* Op1
charlar plaudern 1A/1A
el / la **chico / chica** der Junge / das Mädchen 0
cien hundert 3
cincuenta fünfzig 3
el **cine** das Kino 2C/3A
la **ciudad** die Stadt 2A
claro klar 2
la **clase** die Klasse, der Unterricht 0/2C
clásico/-a klassisch 4
el **cliente** der Kunde 3B
la **coca cola** die Cola 1B
la **cocina** die Küche 2B
el **colegio** die Schule 0
el **color** die Farbe 3/4B
la **combinación** die Kombination 4B
combinar a/c etw. kombinieren 4B
la **comedia** die Komödie 4
comer a/c etw. essen 1B/3B
el **cómic** der Comic 1B/1B
como *adv.* wie 1B
¿cómo? wie? 0/0
cómodo/-a bequem 4B
el / la **compañero/-a** Mitschüler/in, Kollege/-in 3C
la **compra** der Kauf, der Einkauf 2C
comprar a/c etw. kaufen 4B
comprender a/c etw. verstehen 1B/1B
con mit 1A/1B
con todo el mundo mit allen 1B
el **concierto** das Konzert 1B
el / la **conejo/-a** das Kaninchen 0
contento/-a glücklich, froh, zufrieden 4C
Correos (oficina de correos) das Postamt 2C
el **cuaderno** das Heft 0

la **cosa** die Sache 4
¿cuál?, ¿cuáles? *pl.* welche/r? 4C
¿cuándo? wann? 3B
¿cuántos/-as? wie viel/e? 1C/2A
cuarenta vierzig 3
el **cuarto** Viertel 3A
curioso/-a *hier:* neugierig 2A
cursi kitschig 4B
el **curso** der Kurs 3

D

de von, aus 0/0
de … a … *hier:* von …bis … *Uhrzeit* 3A
¿de dónde? woher? 0/1C
de todo alles Mögliche 4B
de una vez endlich mal 4A
debajo (de a/c) *adv./prep.* darunter, unter 2B/2B
los **deberes** die Hausaufgaben 2B
del *de + el* 2B
delante (de a/c) *adv./prep.* davor, vor *örtlich* 2C/2C
los/las **demás** die anderen 4A
demasiado zu viel, zu + *Adj.* 4A
el **deporte** der Sport 3A/4
a la **derecha (de a/c)** *adv./prep.* rechts (von) 2B/2C
desayunar a/c etw. frühstücken 3B/3B
descansar sich ausruhen 3B
desde *hier:* von *Uhrzeit* 3A
desde (hace) seit Op1
despacio *adv.* langsam 3A
después (de a/c) *adv./prep.* nach, danach *zeitlich* 1A/1B
detrás (de a/c) *adv./prep.* hinter 2C/2C
el **día** der Tag 3B
el **diario** das Tagebuch pág. 87
diferente unterschiedlich 4B
difícil schwer, schwierig 1C
¡Diga! Ja, bitte! *Telefon* 3C
el **dinero** das Geld 4B
la **dirección** die Adresse, *auch:* die Richtung 3
divertido/-a lustig, unterhaltsam 2C/2C
divertirse sich amüsieren 4B
el **domingo** der Sonntag 3A
los **domingos** *hier:* sonntags *Adv.* 3A
¿dónde? wo? 0/1C
los/las **dos** die beiden, beide 2
ducharse sich duschen 3B/3B
duro/-a hart 4A

E

el **ejemplo** das Beispiel 4
el der *best. Art. M. Sg.* 0/1A
él er 0
electrónico/-a elektronisch 1C
elegante elegant 4B/4B
la **elle** ll *Buchstabe* 3A
el **e-mail, los e-mails** *pl.* die E-Mail 2A/2A
empezar* a/c etw. anfangen 2C
la **empresa** die Firma 2
en in, auf, an 0/1A
en alemán auf Deutsch 1B
en casa zu Hause 1C, **en nuestra casa** bei uns (zu Hause) 2A
en general normalerweise 4B
encantar a alg. sehr gut gefallen, bezaubern 4A
encima (de a/c) *adv./prep.* darauf, auf 2B/2B
enfrente (de a/c) *adv./prep.* gegenüber 2C/2C
entender* a/c etw. verstehen 2A
entonces dann, also 1A
entre zwischen 2C/2C
la **eñe** ñ *Buchstabe* 3A
es que … da, weil … 3C
escribir a/c etw. schreiben 1C/1C
el **escritorio** der Schreibtisch 2B/2B
escuchar a/c etw. hören 1C
la **escuela (de idiomas)** die Schule, Sprachschule 3A
ese/-a diese/r dort 4C
eso das 4
España *f.* Spanien 0/0
el **español** Spanisch *hier:* Sprache 1A/1A
esperar a/c, a alg. warten auf, *auch:* erwarten, hoffen 3C
la **estación** der Bahnhof 3, **(de Metro)** die U-Bahn-Station 2C
el **estadio** das Stadion 2C
la **estantería** das Regal 2B/2B
estar* sein 2B/2B **(harto/-a de a/c)** etw. satt haben 4A
éste/-a diese/r 2/2
el **estilo** der Stil 4B
esto dieses hier, das hier 1B
el **estuche** die Federtasche, das Etui 0
el/la **estudiante** der / die Student/in, ältere/r Schüler/in 2C
estudiar a/c etw. studieren, lernen 1A/2
estupendo/-a hervorragend 1B
el **euro** der Euro 4C/4C
Europa Europa 2A
el **examen** die Prüfung 4A
la **excursión** der Ausflug 3A

F

la **facultad** die Fakultät 3C
la **falda** der Rock 4B/4B
la **familia** die Familie 2/2
famoso/-a berühmt Op1
fatal furchtbar, fatal 1B
el **favor** der Gefallen 2B
favorito/-a Lieblings- 2A/2A
¡Fenomenal! Fabelhaft!, Super! 1B/1B
la **fiesta** das Fest, die Party 0 E/1A
el **fin** das Ende, **(de semana)** das Wochenende 3C, **(de curso)** der Kursabschluss 4C
el **flamenco** der Flamenco 4
la **foto** das Foto 2B
el **francés** Französisch *hier: Sprache* 1A
la **fruta** das Obst, die Frucht 4C
fuerte stark 4A
el **fútbol** der Fußball 3A/4

G

las **gafas (de sol)** die Brille, Sonnenbrille 4B
el **gallego** Galicisch *hier: Sprache* 1C
ganar a/c etw. verdienen, *auch:* gewinnen 4B
el / la **gato/-a** der Kater, die Katze 1C
la **geografía** die Geographie 3A
la **gente** *sg.* die Leute *pl.* 2C
la **gorra** die Mütze 4B
¡Gracias! Danke! 2B
grande, gran groß 2A
gris grau 3
el **grupo** die Gruppe 3C
guapo/-a hübsch 3C
el ***guaraní*** Guaraní *Sprache* Op1
guay *fam.* toll, super 2C/2C
gustar a alg. etw. jdm. gefallen 4/4
el **gusto** der Geschmack 4B

H

la **habitación** das Zimmer 2B/2B
hablar sprechen 1A/1A
hacer* a/c etw. machen, tun 2A, **(un favor)** jdm. e. Gefallen tun 2B, **(la compra)** einkaufen gehen 2C/2C
el **hacha** die Axt 3A
la **hache** h *Buchstabe* 3A
el **hámster** der Hamster 1C
hasta bis 0/0
¡Hasta luego! Bis nachher!, Auf Wiedersehen! 0/0
hay es gibt, es ist 1A
el / la **hermano/-a** der Bruder / die Schwester 1A
los **hermanos** *m. pl.* die Brüder, Geschwister 1A
el / la **hijo/-a** der Sohn, die Tochter 2/2
los **hijos** die Söhne, *auch:* die Kinder 2
¡Hola! Hallo! 0/0
la **hora** die Stunde 3B
el **horror** der Horror, der Schrecken 4
el **hotel** das Hotel 1A/2C
hoy heute 0/1C

I

la **i griega** y *Buchstabe* 3A
la **idea** die Idee 4B
ideal ideal 4C
el **idioma** die Sprache 1C/3A
importante wichtig 2C
importar a alg. jdm. wichtig sein 4A
impresionante beeindruckend 2C
el / la ***inca*** *s., adj.* Inka, Inka… Op1
indígena *hier:* indianisch Op1

el **inglés** Englisch *hier:* Sprache 1A
el **instituto** das (staatliche) Gymnasium 1A/1A
interesante interessant 1C
interesar a alg. jdn. interessieren 4B
interesarse por a/c sich für etw. interessieren 3C
internacional international 2C
el **internet** das Internet 4
el / la **invitado/-a** Gast 2B
ir* (a) gehen (zu, in) 3B, **(a tomar algo)** etw. trinken gehen 4, **(bien con a/c)** gut passen zu 4B
irse* gehen, weggehen 3B/3B, **(a la cama)** schlafen gehen 3B/4A
el ***italiano*** Italienisch *hier: Sprache* 1A
a la **izquierda (de a/c)** *adv./prep.* links (von) 2B/2C

J

el **jamón, los jamones** *pl.* der Schinken 1B/4C
el **jefe** der Chef 3B
el **jersey** der Pullover 4B/4B
el / la **joven** der / die Jugendliche 4A
la **jota** j *Buchstabe* 3A
el **juego** das Spiel 3A
el **jueves** der Donnerstag 3A
jugar* spielen 3A

K

el **kilo** das Kilo 4C/4C

L

la die *best. Art. F. Sg.* 0/1A
la **lámpara** die Lampe 2B/2B
el **lápiz** der Bleistift 0
largo/-a lang 3
la **lechuga** der Kopfsalat 4C
leer a/c etw. lesen 1B/1B
la ***lengua*** die Sprache Op1
la **letra** Buchstabe, Text *Lied* 4A
levantarse aufstehen 3B/3B
libre frei 3A
el **libro (de español)** das Buch, (das Spanischbuch) 0/2B
la **lista** die Liste 4C/4C
la **lista de la compra** der Einkaufszettel 4C/4C
la **llama** das Lama *Tier* 3A
llamar (a alg.) (an) rufen, telefonieren 3B
llamarse heißen 0
llegar (an)kommen 1A
llevar a/c etw. tragen *Kleidung* 4B/4B, *(+ Zeitangabe)* sich aufhalten, sein 3C
lo mismo dasselbe 4B
el **logo** das Logo 4B
los / las die *best. Art., Pl.* 1A
luego nachher, später 0
el **lunes** der Montag 3A

M

la **madre** die Mutter 2/2
mal *adv.* schlecht 0/1B
malo/-a schlecht 4B
la **mamá** die Mama 0/3B
la **mañana** der Vormittag 3A
mañana *adv.* morgen 0
mandar a/c etw. senden, verschicken 2C
la **manzana** der Apfel 4C
el **mar** das Meer 2C
la **marca** die Marke 4B
la **marcha** *fam.* Spaß, Stimmung, Atmosphäre 3C
marchoso/-a stimmungsvoll, spaßig 4A
marrón braun 3/4B
el **martes** der Dienstag 3A
más mehr 3A
mayor *hier:* größer, älter *Geschwister* 2/2A
me mir, *auch:* mich 4
medio/-a halb 3A
el **melocotón** der Pfirsich 4C
menos weniger, *hier:* vor *Uhrzeit* 3B
el **mensaje** die Nachricht, die Botschaft 1B/1B
el **mercado** der Markt 4C
la **mesa** der Tisch 0/3B
el **metro** die U-Bahn, *auch:* der Meter 2C
mi mein, meine 0/2
el **microondas** die Mikrowelle 3B
el **miércoles** der Mittwoch 3A
¡Mira! Schau mal!, Sieh mal! 1B
mirar a/c etw. (an)schauen, (an)sehen 1B/1B
mis meine *Pl.* 1C/2
la ***mitad*** die Hälfte Op1
el / la **mono/-a** der Affe 0
la **moda** die Mode 4
moderno/-a modern 2A
el **momento** der Moment 3C
la **montaña** der Berg 4C
la **moto** *fam.* das Motorrad 4C
el **móvil** das Mobiltelefon 1B
mucho *adv.* viel 3C
mucho/-a viel/e 3C/Op1/3C
muchos amigos viele Freunde 1C
el ***mundo*** die Welt Op1
la **música** die Musik 1C
muy *adv.* sehr 0/1A

N

nada nichts 4A
nada especial nichts Besonderes 3C
náhuatl Nahuatl *Sprache* Op1
naranja *adj.* + s. f. orange 1B/4B
navegar (en) *hier:* surfen *Internet* 4
necesitar a/c, a alg. etw., jdn. brauchen 4B
negro/-a schwarz 3/4B
¡Ni fu ni fa! *fam.* so lala 1B
no nein, nicht 1A/1B
¡No sé! Ich weiß nicht! 1B
no sólo nicht nur 1C
nosotros/-as wir 1A
la **noche** die Nacht 3A
nuevo/-a neu 0/2C
el **número** die Nummer, die Zahl 3/3

O

o oder 2A
ochenta achtzig 3
ofrecer* a/c etw. anbieten 4C
la **opinión** die Meinung 4B
el **ordenador** der Computer 0/2B
el ***origen*** die Herkunft Op1
otra vez noch einmal 3A
otro/-a ein/e andere/r, noch eine/r 3A
¡Oye! Hör mal! *Imp.* 1A

P

el **padre** der Vater 2/2
los **padres** die Eltern 1C/2
la **página** die Seite 0/4B, **(web)** Webseite 4B
el ***país*** das Land Op1
la **palabra** das Wort 1B
el **pan** das Brot 4C
el **pantalón, los pantalones** *pl.* die Hose 4B/4B
el **papá** der Papa 0
para + *inf.* um zu … + *Inf.* 2A
para + *s.* für + *S.* 2A
para mí für mich, **para ti** für dich 2B
parecer* a alg. scheinen, finden *Meinung* 4A
parecido/-a ähnlich 4A
el **parque** der Park 2C/2C
pasar verbringen *Zeit* 2A, hereinkommen 3A, **(de a/c)** jdm. etw. egal oder lästig sein 2B, **(por)** vorbeikommen 3A, **(a/c)** etw. passieren, geschehen 4A
pasarse *hier:* zu weit gehen 4A
el **pastel** der Kuchen 1B
la **película (de amor)** der Film, Liebesfilm 3C/4
pensar* en a/c, alg denken (an) 4A
el **pepino** die Gurke 4C
pequeño/-a klein 2/2A
la **pera** die Birne 4C
perdonar a alg. jdn. entschuldigen, jdm. verzeihen 4A
el **periquito** der Wellensittich 1C
pero aber 1B/1C
el / la **perro/-a** der Hund, die Hündin 1C
el **pez, los peces** *pl.* der Fisch 1C
el **pimiento** die Paprika 4C
la **piscina** das Schwimmbad 2C
el **piso** die Wohnung, *auch:* das Stockwerk 2B
la **pizarra** die Tafel 0
la ***pizza*** die Pizza 1A/3B

el **plan** der Plan 3C
el **plátano** die Banane 4C
la **playa** der Strand 0
la **plaza** der Platz 1A/1A
la ***población*** die Bevölkerung Op1
poco *adv.* etwas, ein wenig 1A
poco/-a wenig/e 3C/3C
poder* a/c etw. können, dürfen 3A
el ***polaco*** Polnisch *hier: Sprache* 1A
poner* a/c etw. stellen, setzen, legen, **(la mesa)** den Tisch decken 3B
ponerse* (al teléfono) ans Telefon kommen 3C, **(a/c)** etw. anziehen 4B
por *hier:* durch 1C
por aquí cerca hier in der Nähe 2C
por ejemplo zum Beispiel 4
por eso deshalb pág. 87
por favor bitte 3A
por fin endlich 3B
por la mañana *adv.* morgens 3A
por lo menos mindestens 3B
¿por qué? warum? 3C
porque weil 3C
el **portugués** Portugiesisch *hier: Sprache* 1A
el **póster** das Poster 2B
practicar deporte Sport treiben 4
practicar a/c trainieren, etw. üben 4
precioso/-a wunderschön 4C
preguntar a/c etw. fragen 1C
preparar a/c etw. vorbereiten, zubereiten 2A
la ***primavera*** der Frühling Op1
primero *hier:* zuerst 2A
el / la ***primero/-a*** der / die erste Op1
el / la **primo/-a** der / die Cousin/e 2
el **problema** das Problem 3B
el / la **profesor/a** Lehrer/in 0/1A
la **profesora de alemán** die Deutschlehrerin 1A
el **programa** das Programm 3A
pronto bald 3
el **pueblo** das Dorf, das Volk 1C
la **puerta** die Tür 0/3B
pues *interj.* na, also 1B
los **puntitos** *fam.* Umlaut 3A

Q

qué + *s.* was für ein/e …, wie … *Ausruf* 1C
¿qué? was? 1B/1B
¿Qué hora es? Wie spät ist es? 3B/3B
¡Qué pena! Wie schade! 1C
¿Qué tal? Wie geht's? 0/0
¡Qué va! Ganz und gar nicht! 1C
el ***quechua*** Quechua *hier: Sprache* Op1
quedar sich treffen, sich verabreden, übrig bleiben 3C
quedarse bleiben 3B
querer* a/c etw. wollen, *auch:* etw./jdn. lieben 2A
querido/-a liebe/r *hier: Anrede Brief* 1C
el **queso** der Käse 1B/4C
¿quién? ¿quiénes? *pl.* wer? 1A/1C

R

la **radio** das Radio 1A
rápido/-a schnell 3A
el **rato** die Weile 1B
el **recreo** die Pause *Schule* 1A
la **red** das Netz, *auch:* Internet 1C
el **regalo** das Geschenk 2B
¡Regular! *hier:* es geht 1B
el **reloj** die Uhr, Armbanduhr 3B
la **revista** die Zeitschrift 4B
el **rincón** die Ecke *Zimmer* 2B
el **ritmo** der Rhythmus 4A
el **rock** der Rock *Musik* 4
rojo/-a rot 3/4B
el **rollo** *fam.* die Schwierigkeit 3B
la **ropa** die Kleidung 4B/4B
rosa *hier:* pink *Farbe* 4B
rural ländlich 4C
el ***ruso*** Russisch *hier: Sprache* 1A

S

el **sábado** der Samstag 3A
saber* a/c etw. wissen, etw. erfahren 2A
salir* ausgehen, weggehen, erscheinen *Zeitung* 2C
el **salón** das Wohnzimmer 2B
la **semana** die Woche 3A
sencillo/-a einfach 4B/4B
ser* (yo soy) sein 0/1C, **(un rollo)** lästig, unangenehm sein 2B
sesenta sechzig 3
sí ja 1A
siempre immer 1B
la **silla** der Stuhl 0/2B
el **sillón** der Sessel 2B
simpático/-a sympathisch 2A
sin ohne 3B
sobre über, gegen *zeitlich* 4B
sobre todo *hier:* vor allem 1C
sólo *adv.* nur 1B
solo/-a allein 3B
el **sombrero** der Hut 4B
soñar* con a/c, alg. von etw., jdm. träumen 4
su / sus *Pl.* sein/e, ihr/e / ihre *Pl.* 2A/2A
la **sudadera** das Sweatshirt, der Pullover 4B
la **suerte** das Glück 3C
el **supermercado** der Supermarkt 2C

T

también auch 1A/1C
tampoco auch nicht 3B
la **tapa** *hier:* Vorspeise, kl. Portion 1B
la **tarde** der Nachmittag, der frühe Abend 3A
tarde *adv.* spät 1A
el **teatro** das Theater 1A/3C
la **tele** = la **televisión** das Fernsehen 1A/1B/1B
el **teléfono** das Telefon 1A/3
el **tema** das Thema 4A
temprano früh 3B
tener* a/c, yo tengo etw. haben, **(años)** … Jahre alt sein 1C/2A, **(cuidado con a/c)** aufpassen mit 2B, **(de todo)** alles haben 2C, **(libre)** frei haben, **(clase)** Unterricht haben 3A, **(que +** *inf.***)** müssen 3B, **(buen gusto)** e. guten Geschmack haben 4B
el **tenis** das Tennis 3A
el **tenis de mesa** das Tischtennis 3A
terminar a/c etw. beenden 3B
la **terraza** die Terrasse 2C
el **tiempo** die Zeit, *auch:* das Wetter 2A
la **tienda** der Laden 2C/4C
¡tío! Mensch! *Ausruf* 2B
el **tío, la tía** der Onkel, die Tante 2
el tipo *hier:* die Art 4C
¡Tirando! *hier:* es geht, (so) einigermaßen 1B E
la **tiza** die Kreide 0
todavía noch, immer noch 1C
todavía no noch nicht 3B
todo alles 1B/2A, **todos/-as** alle 2C
todo el mundo jedermann, alle 1B
tomar a/c etw. nehmen, trinken 1A/1A
el **tomate** die Tomate 4C
la **tortuga** die Schildkröte 1C
trabajar arbeiten 1A
el **trabajo** die Arbeit 2C
tradicional traditionell 2C
tranquilo/-a ruhig 2A/2A
treinta dreißig 3
el **tren** der Zug 3
tres cuartos 750 Gramm *eig.:* drei Viertel 4C/4C
tu dein/e 0/2A
tú du 0/0
tus deine *Pl.* 2A/2A
el ***turco*** Türkisch *hier: Sprache* 1A
el **turismo** der Tourismus 4C

U

la **universidad** die Universität 2C
un/-a ein/e *unbest. Art. Sg.* 0/1A
uno/-a eine/r 2C
usted, ustedes *pl.* Sie *Anrede* 3A
la **uva** die Traube 3A
la **uve** v *Buchstabe* 3A
la **uve doble** w *Buchstabe* 3A

V

las **vacaciones** die Ferien, der Urlaub pág. 91
vale einverstanden 1A

los **vaqueros** *pl.* die Jeans 4B/4B
el **vasco** Baskisch *hier: Sprache* 1C
el / la **vendedor/a** der / die Verkäufer/in 4C
la **ventana** das Fenster 0
ver a/c etw. sehen 1B/1B
¿Verdad? *hier:* Stimmt's? 1C/1C
verde grün 3/4B
la **verdura** das Gemüse 4C
el **vestido** das Kleid 4B/4B
la **vez** das Mal 3A
viajar reisen 4
el **viaje** die Reise 2B
la **vida** das Leben 2C
el **videojuego** das Computerspiel 3A
viejo/-a alt 3
el **viento** der Wind 4
el **viernes** der Freitag 3A
violeta violett 4B
vivir leben, wohnen 0/1C
el **voleibol** das Volleyballspiel 3A
volver* zurückkommen 3B

Y

y und 0/0
¿Y tú? und du? 0/0
ya schon 1B

Z

las **zapatillas de deporte** die Sportschuhe, Turnschuhe 4B/4B
el **zapato** der Schuh 4B/4B
la **zeta** z *Buchstabe* 3A
el **zorro** der Fuchs 3A
el **zumo (de naranja)** der Saft, der Orangensaft 1B/4C

DEUTSCH-SPANISCHES WÖRTERBUCH

* verweist auf unregelmäßige Verben, Gruppenverben und auf Verben, bei denen auf orthografische Besonderheiten zu achten ist, siehe Los Verbos, Schulbuch, S. 149 ff.

Grundschrift = obligatorischer Wortschatz
kursiv = fakultativer Wortschatz

1A = Fundstelle im Cuaderno
1A = Fundstelle im Schulbuch

A

aber pero 1B/1C
achtzig ochenta 3
Adresse la dirección 3
ähnlich parecido/-a 4A
Affe el / la mono/-a 0
aktiv activo/-a 4
Aktivität la actividad 4C
aktuell actual 4B
alle todo el mundo 1B, todos/-as 2C
allein solo/-a 3B
alles todo 1B/2A
alles haben tener* de todo 2C
alles Mögliche de todo 4B
Alphabet el abecedario 3A
also entonces 1A
alt viejo/-a 3
amüsieren (sich) divertirse* 4B
an en 0/1A
(an)kommen llegar 1A
(an)sehen, anschauen (etw.) mirar a/c 1B/1B
anbieten (etw.) ofrecer* a/c 4C
andere/r, noch eine/r otro/-a 3A
anderen (die) los / las demás 4A
anfangen (etw.) empezar* a/c 2C
anrufen llamar a alg. 3B
Apfel la manzana 4C
Aprikose el albaricoque 4C
Arbeit el trabajo 2C
arbeiten trabajar 1A
Armbanduhr el reloj 3B
Art el tipo 4C
auch también 1A/1C
auch nicht tampoco 3B
auf en 0/1A, encima (de a/c) *adv./prep.* 2B/2B
auf Deutsch en alemán 1B
Auf Wiedersehen! ¡Adiós!, ¡Hasta luego! 0
aufhalten (sich) llevar + *Zeitangabe* 3C
aufpassen mit tener* cuidado (con a/c) 2B
aufschreiben (etw.) apuntar a/c 3
aufstehen levantarse 3B/3B
Ausflug la excursión 3A
ausgehen salir* 2C
ausruhen (sich) descansar 3B
außerdem además 3C

B

Badezimmer el baño 2B
Baguette la barra de pan 4C
Bahnhof la estación 3
bald pronto 3
Ball el balón 1A
Banane el plátano 4C
Basketball el baloncesto 3A
Baskisch el vasco *Sprache* 1C
beeindruckend impresionante 2C
beenden (etw.) terminar a/c 3B
bei uns (zu Hause) en nuestra casa 2A
beide los / las dos 2
Beispiel el ejemplo, **(zum)** por ejemplo 4
bequem cómodo/-a 4B
Berg la montaña 4C
Bett la cama 2B/2B
Birne la pera 4C
bis hasta 0
Bis morgen! ¡Hasta mañana! 0
Bis nachher! ¡Hasta luego! 0/0
bitte por favor 3A
blau azul 3/4B
bleiben quedarse 3B
Bleistift el lápiz 0
Bluse la blusa 4B
brauchen (etw./jdn.) necesitar a/c, a alg. 4B
braun marrón 3/4B
Brief la carta 1C/1C
Brille las gafas 4B
Brot el pan 4C
Bruder el hermano 1A
Buch el libro 0/2B
Buchstabe, Text *Lied* la letra 4A
Bus el autobús 1A

C

Café la cafetería 3B
CD el cd, los cds *pl.* = disco compacto 2B/2B
Cent el céntimo 4C
Chef el jefe 3B
Cola la coca cola 1B
Comic el cómic 1B/1B
Computer el ordenador 0/2B
Computerspiel el videojuego 3A
Cousin/e el primo, la prima 2

D

da, weil ... es que ... 3C
Danke! ¡Gracias! 2B
dann entonces 1A
darauf encima (de a/c) *adv./prep.* 2B/2B
darunter debajo (de a/c) *adv./prep.* 2B/2B

das eso 4
davor delante (de a/c) *adv./prep. Ort* 2C/2C
dein/e tu 0/2A
deine *Pl.* tus 2A/2A
denken (an) pensar* en a/c, alg. 4A
deshalb por eso 4C
Deutsch el alemán *hier: Sprache* 1A/1A
Deutschland Alemania *f. sg.* 1A/1A
Deutschlehrerin la profesora de alemán 1A
Dienstag el martes 3A
diese/r este/-a 4C
diese/r dort ese/-a 4C
diese/r ist, das ist éste/-a es 2/2
dieses hier, das hier esto 1B
Donnerstag el jueves 3A
Dorf el pueblo 1C
dort allí 2A
dreißig treinta 3
dreizehn 13 = trece 1C
durch por 1C
dürfen (etw.) poder* a/c 3A
duschen (sich) ducharse 3B/3B

E

Ecke el rincón *Zimmer* 2B
egal, lästig sein (jdm.) pasar de a/c 2B
ein/e un / una *unbest. Art. Sg.* 0/1A
eine/r uno/-a 2C
einfach sencillo/-a 4B/4B
einkaufen gehen hacer* la compra 2C/2C
Einkaufszettel la lista de la compra 4C/4C
Einkaufszentrum el centro comercial 4B
einverstanden vale 1A
elegant elegante 4B/4B
elektronisch electrónico/-a 1C
Eltern los padres 1C/2
E-Mail el e-mail, los e-mails *pl.* 2A/2A
Ende (das) el fin 3C
endlich por fin 3B, **(mal)** de una vez 4A
Englisch el inglés *Sprache* 1A
entschuldigen (jdn.) *perdonar a alg.* 4A
es geht ¡regular!, *¡Tirando!* 1B
es gibt, es ist hay 1A
essen (etw.) comer a/c 1B/3B, **(zu Abend)** cenar a/c 3B
etwas algo, poco *adv.* 1A/1A
Euro el euro 4C/4C
Europa Europa 2A

F

Fabelhaft!, Super! ¡Fenomenal! 1B/1B
Fakultät la facultad 3C
Familie la familia 2/2
Farbe el color 3/4B
fast casi 4C
fatal fatal 1B
Federtasche el estuche 0
feiern celebrar a/c 4C
Feld el campo 4
Fenster la ventana 0
Ferien las vacaciones 4C
Fernseher la televisión, la tele *ugs.* 1A/1B/1B
Fest la fiesta 0/1A
Film, Liebesfilm la película (de amor) 3C
Firma la empresa 2
Fisch el pez, los peces *pl.* 1C
Flamenco el flamenco *Musik* 4
Flasche *la botella* 4C
Flughafen el aeropuerto 2
Flugzeug el avión 4
Foto la foto 2B
fragen (etw.) preguntar a/c 1C
Französisch el francés *Sprache* 1A
frei libre 3A
frei haben tener* libre 3A
Freitag el viernes 3A
Freund/in el / la amigo/-a 0/1A
Fuchs el zorro 3A
fünfzig cincuenta 3
Frucht la fruta 4C
früh temprano 3B
frühstücken (etw.) desayunar a/c 3B/3B
für + *S.* para + *s.* 2A
für dich para ti 2B
für mich para mí 2B
Fußball el fútbol 3A/4

G

Gast el / la invitado/-a 2B
Gefallen el favor 2B, (jdm. einen G. tun) hacer* el favor 2B
gefallen (jdm.) gustar a alg. 4/4, **(sehr gut ...)** encantar a alg. 4A
gegen ... Uhr a eso de ... 3B, sobre *zeitlich* 4B
gegenüber enfrente (de a/c) *adv./prep.* 2C/2C
gehen (zu, in, ...) ir* (a) 3B
gehen, weggehen irse* 3B/3B
gelb amarillo/-a 3/4B
Geld el dinero 4B
Gemüse la verdura 4C
Geographie la geografía 3A
geschehen (etw.) pasar a/c 4A
Geschenk el regalo 2B
Geschmack el gusto 4B
Geschmack haben (einen guten) tener* buen gusto 4B
Geschwister los hermanos *m. pl.* 1A
Glück la suerte 3C
glücklich contento/-a 4C
grau gris 3
groß grande, gran 2A
groß, älter *(Geschw.)* mayor 2/2A
Großeltern los abuelos 2/2
Großmutter la abuela 2/2
Großvater el abuelo 2/2
grün verde 3/4B
Gruppe el grupo 3C
Gurke el pepino 4C
gut bien *adv.* 0/0, bueno/-a 4B
Guten Morgen! ¡Buenos días! 0/0
Guten Tag! ¡Buenos días! 0
Gymnasium el instituto 1A/1A

H

haben (etw.) tener* a/c 1C/2A
halb medio/-a 3A
Hallo! ¡Hola! 0/0
Hamster el hámster 1C
Handballspiel el balonmano 3A
hart duro/-a 4A
Haus la casa 2A
Hausaufgaben los deberes 2B
Hause (zu) en casa 1C
Haustier el animal doméstico 1C
Heft el cuaderno 0
heißen llamarse 0
Hemd la camisa 4B/4B
hervorragend estupendo/-a 1B
heute hoy 0/1C
hier aquí 1A, **(in der Nähe)** por aquí cerca 2C
hinter detrás (de a/c) *adv./prep.* 2C/2C
hoch alto/-a 4A
Hör mal! ¡Oye! 1A
hören (etw.) escuchar a/c 1C
Horror el horror 4
Hose el pantalón 4B/4B
Hotel el hotel 1A/2C
hübsch, gut aussehend guapo/-a 3C
Hund, Hündin el / la perro/-a 1C
hundert cien 3
Hut el sombrero 4B

I

ideal ideal 4C
Idee la idea 4B
immer siempre 1B
immer mehr cada vez hay más 4C
in en 0/1A
interessant interesante 1C
interessieren (jdn.) interesar a alg. 4B, **(sich für etw.)** interesarse por a/c 3C
Internet el internet 4
Italienisch *el italiano Sprache* 1A

J

ja sí 1A
Ja, bitte! ¡Diga! *Telefon, Anrede* 3C
Jacke la chaqueta 4B/4B
Jahr el año 1C/2A
Jahre alt sein tener ... años 1C/2A
Jeans los vaqueros *pl.* 4B/4B
jede/r cada uno/-a 4C
jedes Mal cada vez 4C
jedermann todo el mundo 1B
jemand alguien 3C
jene/r aquel/aquella 4C
jetzt ahora 1C
Jogginganzug el chándal 2B
Jugendliche/r el / la joven 4A

K

Kaninchen el / la conejo/-a 0
Käse el queso 1B/4C
Kater, Katze el / la gato/-a 1C
Kauf, Einkauf la compra 2C
kaufen (etw.) comprar a/c 4B
Kilo el kilo 4C/4C

Kino el cine 2C/3A
Kirsche la cereza 4C
kitschig cursi 4B
klar *claro* 2
Klasse la clase 0/2C
klassisch clásico/-a 4
Kleid el vestido 4B/4B
Kleidung la ropa 4B/4B
klein pequeño/-a 2/2A
Kombination la combinación 4B
kombinieren combinar a/c 4B
kommen llegar 1A
können (etw.) poder* a/c 3A
Konzert el concierto 1B
Kopfsalat la lechuga 4C
Kreide la tiza 0
Küche la cocina 2B
Kuchen el pastel 1B
Kugelschreiber el bolígrafo 0
Kunde el cliente 3B
Kurs el curso 3
Kursabschluss el fin de curso 4C

L

Laden la tienda 2C/4C
Lama *la llama Tier* 3A
Lampe la lámpara 2B/2B
Land el campo 4, el país 5
ländlich rural 4C
ländliches Anwesen la casa rural 4C
lang largo/-a 3
langsam despacio *adv.* 3A
langweilig aburrido/-a 2B
lästig sein ser* un rollo 2B
Lateinamerika América Latina 1C
laut alto/-a 4A
Leben la vida 2C
leben vivir 0/1C
legen (etw.) poner* a/c 3B
Lehrer/in el / la profesor/-a 0/1A
leiser stellen bajar 4A
lernen (etw.) aprender a/c 1C/1C, estudiar a/c 1/2
lesen (etw.) leer a/c 1B/1B
Leute *pl.* la gente *s.* 2C
Liebe el amor 4
lieben (etw., jdn.) querer* a/c, a alg. 2A
liebe/r *querido/-a Anrede Brief* 1C
Lieblings- favorito/-a 2A/2A
Lied la canción 4A
links (von) a la izquierda (de a/c) *adv./prep.* 2B/2C
Liste la lista 4C
Logo el logo 4B
lustig divertido/-a 2C/2C

M

machen hacer* a/c 2A
Mädchen la chica 0
Mal la vez 3A
mal sehen a ver 1B
Mama la mamá 0/3B
manchmal a veces 1C
Marke la marca 4B
Markt el mercado 4C
Meer el mar 2C
mehr más 3A
mein/e mi 0/2
meine *Pl.* mis 1C
Meinung la opinión 4B
Mensch! ¡tío! *Ausruf* 2B
Mikrowelle el microondas 3B
mindestens por lo menos 3B
mit con 1A/1B
mit allen con todo el mundo 1B
Mitschüler/in compañero/-a 3C
Mittwoch el miércoles 3A
Mobiltelefon, Handy el móvil 1B
Mode la moda 4
modern moderno/-a 2A
Moment el momento 3C
Montag el lunes 3A
morgen mañana *adv.* 0
morgens por la mañana *adv.* 3A
Motorrad la moto = *la motocicleta* 4C
Musik la música 1C
müssen tener* que *(+ inf.)* 3B
Mutter la madre 2/2
Mütze la gorra 4B

N

na, also pues *interj.* 1B
nach Hause a casa 2C
nach, danach *zeitlich* después (de a/c) *adv./prep.* 1A/1B
nach, zu a *Ort* 2
nachher, später luego 0
Nachmittag, früher Abend la tarde 3A
Nachname el apellido 3A
Nachricht el mensaje 1B/1B
Nacht la noche 3A
Nähe (in der … von) cerca (de a/c) *adv/prep.* 1C
neben al lado (de a/c) *adv./prep.* 2B/2B
nehmen (etw.) tomar a/c 1A/1A
nein, nicht no 1A/1B
Netz la red 1C
neu nuevo/-a 0/2C
neugierig curioso/-a 2A
nicht nur no sólo 1C
nichts Besonderes nada especial 3C
noch einmal otra vez 3A
Noch etwas? ¿Algo más? *Einkaufen* 4C/4C
noch, immer noch todavía 1C
normalerweise en general 4B
Null el cero 3
Nummer el número 3/3
nur sólo *adv.* 1B

O

Obst la fruta 4C
oder o 2A
ohne sin 3B
Onkel el tío 2
orange, Orange naranja 4B/4B
Orangensaft el zumo de naranja 1B/4C

P

Papa el papá 0
Paprika el pimiento 4C
Park el parque 2C/2C
Party la fiesta 0/1A
passieren (etw.) pasar a/c 4A
passen zu ir* bien con a/c 4B
Pause el recreo *Schule* 1A
Pferd el caballo 1C
Pfirsich el melocotón 4C
pink rosa 4B
Pizza *la pizza* 1A/3B
Plan el plan 3C
Platz la plaza 1A/1A
plaudern charlar 1A/1A
Polnisch *el polaco Sprache* 1A
Portugiesisch el portugués *Sprache* 1A
Postamt Correos (oficina de correos) 2C
Poster el póster 2B
Problem el problema 3B
Programm el programa 3A
Prüfung el examen 4A
Pullover el jersey 4B/4B

R

Radio la radio 1A
rechts (von) a la derecha (de a/c) *adv./prep.* 2B/2C
rechtzeitig a tiempo 4C
Regal la estantería 2B/2B
Reise el viaje 2B
reisen viajar 4
Rhythmus el ritmo 4A
Rock la falda 4B/4B
rot rojo/-a 3/4B
rufen, anrufen llamar a alg. 3B
ruhig tranquilo/-a 2A/2A
Russisch *el ruso Sprache* 1A

S

Sache la cosa 4
Saft el zumo 4C
Samstag el sábado 3A
satt haben (etw.) estar* harto/-a 4A
scheinen, finden *Meinung* parecer* a alg. 4A
Schildkröte la tortuga 1C
Schinken el jamón, los jamones *pl.* 1B/4C
schlafen gehen irse* a la cama 3B/4A
schlecht mal *adv.* 0/1B, malo/-a 4B
schnell rápido/-a 3A
schon ya 1B
schön bonito/-a 2A
Schrank el armario 2B/2B
Schrecken el horror 4
schreiben (etw.) escribir a/c 1C/1C
Schreibtisch el escritorio 2B/2B
Schuh el zapato 4B/4B
Schule la escuela 3A, el colegio 0
Schüler/in el / la alumno/-a 0
schwarz negro/-a 3/4B
schwer, schwierig difícil 1C
Schwester la hermana 1A
Schwierigkeit el rollo *ugs.* 3B
Schwimmbad la piscina 2C

sechzig sesenta 3
sehen (etw.) ver a/c 1B/1B
sehr muy *adv.* 0/1A
sehr laut a tope *ugs.* 4A/4A
sein ser* (yo soy) 0/1C, estar* (yo estoy) 2B/2B
sein/e, ihr/e su 2A/2A
seine, ihre sus *pl.* 2A/2A
Seite, Webseite la página (web) 0/4B
senden (etw.) mandar a/c 2C
Sessel el sillón 2B
setzen (etw.) poner* *a/c* 3B
so, so así, así 0
Sohn el hijo 2/2
Sonnenbrille las gafas de sol 4B
Sonntag el domingo 3A
sonntags *Adv.* los domingos 3A
Spanien España *f.* 0/0
Spanisch el español *Sprache* 1A/1A
Spanischbuch le libro de español 0/2B
Spaß, Stimmung la marcha 3C
spät, zu spät tarde *adv.* 1A
Spiel el juego 3A
spielen jugar* (a) (yo juego) 3A
Sport el deporte 3A/4, **(treiben)** practicar deporte 4
Sportschuhe las zapatillas de deporte 4B/4B
Sprache el idioma 1C/3A
sprechen hablar 1A/1A
Stadion el estadio 2C
Stadt la ciudad 2A
Stadtviertel el barrio 2A
stark fuerte 4A
stellen (etw.) poner* a/c 3B
Stereoanlage la cadena de música 2B
Stil el estilo 4B
Stimmt's? ¿Verdad? 1C/1C
Strand la playa 0
Straße la calle 2C/2C
Student/in, ältere/r Schüler/in el / la estudiante 2C
studieren (etw.) estudiar a/c 1A/2
Stuhl la silla 0/2B
Stunde la hora 3B
suchen (etw.) buscar a/c 3
super guay *ugs.* 2C/2C
Supermarkt el supermercado 2C
surfen navegar (en) *Internet* 4
Sweatshirt la sudadera 4B
sympathisch *simpático/-a* 2A

T

Tag el día 3B
Tagebuch el diario 4C
Tafel la pizarra 0
Tante la tía 2
tanzen bailar 1B
Telefon el teléfono 1A/3, **(ans … kommen)** ponerse* (al teléfono) 3C
Telefonnummer el teléfono 3/3
Tennis el tenis 3A
Terrasse la terraza 2C
teuer caro/-a 2A
Theater el teatro 1A/3C
Thema el tema 4A
Tier el animal 1C
Tisch la mesa 0/3B, **(decken)** poner* la mesa 3B
Tischtennis el tenis de mesa 3A
Tochter la hija 2/2
toll guay *ugs.* 2C/2C
Tourismus el turismo 4C
Tomate el tomate 4C
traditionell tradicional 2C
tragen (etw.) llevar a/c *Kleidung* 4B/4B
trainieren practicar a/c 4
Traube la uva 3A
träumen (von etw., jdm.) soñar* con a/c, alg. 4
treffen (sich) quedar 3C
trinken beber 1B
trinken (etw.) tomar a/c 1A/1A, **(gehen)** ir* a tomar algo 4
Tschüss ¡Adiós! 0/0, chao 3C
T-Shirt la camiseta 4B/4B
tun (etw.) hacer* a/c 2A
Tür la puerta 0/3B
Türkisch *el turco Sprache* 1A
Turnschuhe las zapatillas de deporte 4B

U

U-Bahn el metro 2C
U-Bahn-Station la estación de metro 2C
über sobre 4B
übrig bleiben quedar 3C
Uhr el reloj 3B
um … Uhr, a las… *Uhrzeit* 3B
um zu … + *Inf.* para + *inf* 2A
Umgebung el ambiente 4C
Umlaut los puntitos *ugs.* 3A
und y 0/0
Universität la universidad 2C
unter debajo (de a/c) *adv./prep.* 2B/2B
unterhaltsam divertido/-a . 2C/2C
Unterricht *la clase* 2C, **(haben)** tener* clase 3A
unterschiedlich diferente 4B
Urlaub las vacaciones 4C

V

Vater el padre 2/2
verabreden (sich) quedar 3C
verbringen pasar *Zeit* 4A/2A
verdienen (etw.) ganar a/c 4B
Verkäufer/in *el / la vendedor/-a* 4C
verschicken (etw.) mandar a/c 2C
verstehen (etw.) comprender a/c 1B/1B, entender*a/c 2A
verzeihen (jdm.) perdonar a alg. 4A
viel mucho *adv.* 3C/3C
viel (zu) + *Adj.* demasiado 4A
viel/e mucho/-a 3C/3C
Viertel el cuarto 3A
vierzig cuarenta 3
violett violeta 4B
Volk el pueblo 1C
Volleyballspiel el voleibol 3A
von, aus de 0/0
von desde *Uhrzeit* 3A
von … bis … de … a … *Uhrzeit* 3A
vor allem sobre todo 1C
vor delante (de a/c) *adv./prep. Ort* 2C/2C, menos *Uhrzeit* 3B
vorbeikommen pasar por a/c 3A
vorbereiten (etw.) preparar a/c 2A
Vormittag la mañana 3A
Vorspeise la tapa 1B

W

wann? ¿cuándo? 3B
warten auf esperar a/c, a alg. 3C
warum? ¿por qué? 3C
was? ¿Qué? 1B/1B
Wasser el agua *f. sing.* 1B
weggehen salir* 2C, irse* 3B/3B
weil porque 3C
Weile el rato 1B
weiß blanco/-a 3/4B
weit (zu) gehen pasarse 4A
welche/r? ¿cuál?, ¿cuáles? *pl.* 4C
Wellensittich el periquito 1C
wenig/e poco/-a 3C/3C
weniger menos 3B
wer? ¿quién? ¿quiénes? *pl.* 1A/1C
Wetter el tiempo 2A, **(schönes)** buen tiempo 4C
wichtig importante 2C
wichtig sein (jdm.) importar a alg. 4A
wie como *adv.* 1B
Wie schade! ¡Qué pena! 1C
wie? ¿cómo? 0/0
Wind el viento 4
wissen (etw.) saber* a/c 2A
wo? ¿dónde? 0/1C
Woche la semana 3A
Wochenende el fin de semana 3C
woher? ¿de dónde? 0/1C
wohin? ¿adónde? 3C
wohnen vivir 0/1C
Wohnung la casa 2A, el piso 2B
Wohnzimmer el salón 2B
wollen (etw.) querer* a/c 2A
Wort la palabra 1B
wunderschön precioso/-a 4C

Z

Zahl el número 3/3
Zeit el tiempo 2A
Zeitschrift la revista 4B
Zentrum el centro 1C/3C
Ziege la cabra 1C
ziemlich viel bastante, *adv.* 1B
Zimmer la habitación 2B/2B
zu Abend essen (etw.) cenar a/c 3B/3B
zuerst primero 2A
zufrieden contento/-a 4C
Zug el tren 3
zurückkommen volver* 3B
zwei dos 1C
Zwiebel la cebolla 4C
zwischen entre 2C/2C

ENCUENTROS, Cuaderno de Actividades 1A

Nueva York
ESTADOS UNIDOS
OCÉANO ATLÁNTICO
Monterrey
GOLFO DE MÉXICO
MÉXICO
GRANDES ANTILLAS
La Habana
Chichén Itzá
Mérida
CUBA
Puerto Príncipe
REPÚBLICA DOMINICANA
Ciudad de México
PENÍNSULA DE YUCATÁN
Santiago de Cuba
San Juan
PUERTO RICO
BELICE
HONDURAS
Tikal
Belmopan
JAMAICA
Kingston
HAITÍ
Santo Domingo
L. Atitlán
Tegucigalpa
PEQUEÑAS ANTILLAS
MAR CARIBE
GUATEMALA
Guatemala
San Salvador
EL SALVADOR
NICARAGUA
Managua
San José
COSTA RICA
Canal de Panamá
Panamá
PANAMÁ
Caracas
VENEZUELA
LOS LLANOS
Orinoco
GUYANA
Georgetown
SURINAM
Paramaribo
GUAYANA FRANCESA
Cayena
MACIZO DE LA GUAYANA
Medellín
Bogotá
COLOMBIA
ECUADOR
Quito
ISLAS GALÁPAGOS
Manaus
Amazonas
SELVAS
BRASIL
PERÚ
MATO GROSSO
Machu Picchu
Lima
Santiago del Surco
Cuzco
Lago Titicaca
CORDILLERA DE LOS ANDES
La Paz
BOLIVIA
Brasilia
MESETA BRASILEÑA
Lago Chungará
Sucre
Ollagüe
Antofagasta
PARAGUAY
GRAN CHACO
Rio de Janeiro
São Paulo
Asunción
CHILE
Copiapó
La Serena
Valle del Elqui
Paraná
PAMPA
URUGUAY
Viña del Mar
Santiago
Montevideo
Buenos Aires
Río de la Plata
OCÉANO PACÍFICO
ARGENTINA
PATAGONIA
0 500 1000 1500 2000 km
ISLAS MALVINAS (G.B.)